MELANIE GRÄSSER | EIKE HOVERMANN

KINDER BRAUCHEN RITUALE

So unterstützen Sie Ihr Kind in der Entwicklung
Stressfrei durch den Familien-Alltag

humboldt

An diesem Buch haben mitgeschrieben:

Ilka Bahr, Versicherungsfachfrau, Bremen
Jana Baukmann, M.A. Erziehungswissenschaft/Sozialpädagogik, Münster
Simone Bauer, Groß- und Außenhandelskauffrau, Lippstadt
Patricia Ben Kahla, Diplom-Erziehungswissenschaftlerin Lippstadt
Julia Berghoff, Psychologische Psychotherapeutin, Paderborn
Benedikt Bilstein, Rechtsanwalt, Lippstadt
Bastian Böhme, Diplom-Sozialpädagoge, Münster
Anne Böttcher, Erzieherin, Kindergruppe Rappelkiste, Münster
Martin Denker, Künstler, Düsseldorf
Anja Dragon, Diplom-Sozialarbeiterin, Ernährungsberaterin, Brühl
Hildegard Fisch, Heilpraktikerin Psychotherapie, Kindertrauerbegleiterin (BVT), Erwitte
Temba Große Brinkhaus, Diplom-Sozialpädagogin/Sozialarbeiterin, Münster
Inka Grube, Diplom-Sportwissenschaftlerin, Hannover
Rieke Herion, Flugbegleiterin, Berlin
Barbara Hovermann, Erzieherin, Lippstadt
Eike Hovermann sen., Oberstudienrat, Lippstadt
Anna-Katharina Humberg, Diplom-Psychologin, Münster
Yvonne Kathmann, Assistentin, Lippstadt
Ronny Kaser, Sozialpädagoge und Leiter Kita Waldwichtel, Torgelow
Mona Kebe, Psychologiestudentin, Berlin
Andreas Kolmer, Geschäftsführer, Lippstadt
Marie Kolzenburg, Kinder- und Jugendlichenpsychotherapeutin, Saarburg
Sascha Latza, Geschäftsführer, Lippstadt
Susann Liman, Diplom-Pädagogin, Autorin, Journalistin, Köln
Julia Lüdke, Integrationsfachkraft, Diplom-Sozialarbeiterin, B.A. Frühpädagogin, Lünen
Nancy Mac Granaky-Quaye, Regisseurin und Autorin, Kürten
Silke Mehler, Psychologische Psychotherapeutin, Schlangen
Wolfgang Menz, selbstständig, Lippstadt
Ralf Meyer, Tischlermeister, Lippstadt
Clara Meynen, Diplom-Psychologin, Berlin
Linda Mutzenbach, M.A. Sozialpädagogin/Sozialarbeiterin, Clinical Casework, Arnsberg
Heide Nietsch, Diplom-Sozialpädagogin, Familientherapeutin, Villingen-Schwenningen
Manfred Nietsch, Diplom-Sozialarbeiter, ehem. Jugendamtsleiter, Villingen-Schwenningen
Britta Nover, Diplom-Sozialpädagogin, Kinder- und Jugendlichenpsychotherapeutin, Bonn
Nina Pflugradt, Psychologische Psychotherapeutin, Naumburg an der Saale
Wibke Piper-Emden, Projektmanagerin, Bünde
Ralf Rehberg, Programmierer und Spieleentwickler, Lippstadt und Portugal
Sophia Reinecke, Schülerin, Lippstadt
Ursula Schüssler, Leiterin des Schülerhorts Arche Noach, Heppenheim
Manuela Schmidt, Sekretärin, Lippstadt
Anika Slawinski, Modedesignerin, Schanghai
Thomas Thiesbrummel, Krankenhauspfarrer, Lippstadt
Frederick Vidal, Künstler, Hamburg
Kristina Wist, Kinder- und Jugendlichenpsychotherapeutin, Lippstadt

... und viele weitere Expertinnen und Experten.

INHALT

VORWORT

Liebe Eltern, liebe zukünftige Eltern,

denken Sie beim Stichwort „Rituale" an Eingeborene ferner Südseeinseln oder an Zauberer?

Wahrscheinlich eher nicht, denn es ist viel wahrscheinlicher, dass Sie selbst in Ihrer Kindheit gute Erfahrungen mit Ritualen gemacht haben und diese nun weitergeben möchten.

Mit Sicherheit haben auch Sie Ihre eigenen Rituale: die Tasse Kaffee vor der Dusche trinken, zuerst den linken Socken anziehen, das Morgengebet sprechen, die Zeitung von hinten zu lesen beginnen oder gar den Talisman in die Hosentasche stecken.

Rituale sind im Prinzip ja „nur" bewusste Verhaltenswiederholungen. Gerade mit diesen immer wiederkehrenden Wiederholungen können wir besonders Kindern helfen, den Alltag bewusster zu gestalten und zu erleben. Durch diese bewusste Wiederholung schaffen Sie eine Struktur, die in den allermeisten Fällen ebenso bewusst und positiv aufgenommen wird.

Haben Sie auch die Erfahrung gemacht, dass Kinder sich wiederkehrende Ereignisse wünschen, oft einen besonderen Zugang zu Ereignissen haben und diese manchmal geradezu einfordern? Ein Beispiel: „Mama wir müssen aber noch die Stiefel rausstellen! Der Nikolaus kommt doch morgen!"

Rituale leben von der Wiederholung und haben ein großes Potenzial, unser aller Leben eine positive Ausrichtung zu geben. Das fängt bei der Wertschätzung der kleinen Ereignisse an und geht bis zu den großen und schönen Ereignissen wie Weihnachten und die Geburtstage. Auch schwierige Lebenssituationen lassen sich oft leichter meistern, wenn in diesen Zeiten das richtige Ritual etwas hilft.

Auf gar keinen Fall sollen Sie alle Rituale aus diesem Buch in Ihr Leben einführen. Die gesammelten Rituale sollen als Anregung dienen. Wir hoffen, dass Sie entweder einige Rituale finden, die Sie für Ihre eigene Familie übernehmen möchten, oder durch die Anregungen viele eigene schöne Rituale entwickeln.

Vielleicht werden Sie sich im Laufe des Buches an die eigenen alten Rituale aus Ihrer Kindheit erinnern. Und wenn Sie sich vielleicht nicht mehr so gut erinnern können, vergessen Sie nicht, Ihre Eltern oder Großeltern zu fragen ... Es wäre schade, wenn die Tradition der Rituale verloren ginge.

Wir sind uns bewusst, dass einige der Kapitel für den einen oder anderen nicht passen, Ihnen vielleicht klischeehaft vorkommen oder Sie denken „Wie soll das denn gehen, das sind ja Idealvorstellungen ...“. Bei vielen ist der Familienalltag durch erheblichen Zeitdruck und viele Zwänge bestimmt. Uns ist wichtig, dass Sie diese Sammlung nicht als statisches Regelwerk und nicht als vollständige Anleitung ansehen, sondern als Anregung für den einen oder anderen Lebensbereich. Schauen Sie also mit dem kritischen Auge, picken Sie sich das heraus, was zu Ihnen und Ihrer Familie passt, und stellen Sie sich daraus Ihre passenden Rituale zusammen.

Viel Spaß beim Lesen, Schmökern, Nachschlagen und ganz viel Freude bei der Einführung und Pflege von vielen schönen kleinen Ritualen in den kommenden Monaten und Jahren wünschen Ihnen

Melanie Gräßer und *Eike Hovermann*
sowie das gesamte Expertenteam

MENSCHEN MIT BEHINDERUNGEN

Beim Schreiben dieses Buches und Sammeln von vielen schönen Ideen und Ritualen haben wir zuerst nicht an Menschen mit Behinderung gedacht, da sie für uns Menschen wie du und ich sind und wir eigene, sehr positive Erfahrungen mit behinderten Menschen in der Verwandtschaft erfahren durften.

Dann erreichte uns der folgende Brief einer Mutter:

„Ich selber bin Mutter eines mehrfach schwerbehinderten Kindes und fände es schade, wenn der Punkt ‚Rituale mal anders' oder so ähnlich nicht in Ihrem neuen Buch zu finden wäre.

Mein Sohn ist durch seine Einschränkungen der unterschiedlichen Sinne enorm auf Rituale angewiesen, jegliche Veränderung in seinem Tagesablauf oder in bestimmten Vorgehensweisen sind für ihn sehr schwer zu verstehen und bringen ihn noch leichter aus der Bahn als gesunde Kinder.

Viele Rituale, die ich verwende, sind anders und natürlich speziell angepasst an die Behinderung meines Sohnes, weil vieles einfach nicht machbar ist und wir eigene Wege finden mussten.

Ich finde es schwer, Rituale speziell für Behinderte zu schreiben, und würde damit meinem Anspruch wahrscheinlich nicht gerecht werden, sodass ich leider keinen speziellen Beitrag zu diesem Ritualebuch leisten kann.

Nichtsdestotrotz würde ich mich sehr freuen, wenn Sie auch die Menschen in Ihrem Buch bedenken, die aufgrund des Andersseins teilweise andere Rituale brauchen oder entwickeln. Das ‚normale Leben' ist nicht immer für alle gleich zugänglich. Vielleicht finden Sie ein paar Worte dafür in Ihrer Einleitung.

Vielen Dank, dass Sie uns die Chance gegeben haben, gehört zu werden.

Mit freundlichen Grüßen aus Münster
Temba Große Brinkhaus"

Nach diesen Zeilen von Frau Große Brinkhaus haben wir länger über die einzelnen Rituale nachgedacht und diskutiert. Dabei sind wir zu dem Schluss gekommen, dass natürlich nie alle Rituale bei allen Kindern und von allen Eltern umgesetzt werden können und sollten. Wir glauben und hoffen, dass alle Eltern den richtigen Weg mit dem einen oder anderen Ritual einschlagen und diese dann immer an die Erfordernisse anpassen.

Von daher bleibt es dabei: Unsere Rituale sind Vorschläge und Anregungen für ALLE Kinder und erwachsenen Menschen!

WAS SIND RITUALE UND WOZU SIND SIE GUT?

Rituale gibt es, so lange man denken kann. Allerdings ändern sie sich mit der Zeit – manche geraten in Vergessenheit, viele neue entstehen. Aber eines ist immer konstant: Rituale bringen eine Struktur in unser Leben und helfen dabei, ein harmonisches Leben und auch Familienleben zu führen.

Es ist noch gar nicht so lange her, da wurden Menschen, die einem ganz festen Tagesablauf folgten, als uncool, unflexibel und nicht entspannt bezeichnet. Der Wandel der Zeit hat diese Meinung korrigiert, und sowohl Fachleute als auch eigene Erfahrungen sprechen für feste, regelmäßige, wiederkehrende Abläufe und damit Rituale im Tagesgeschehen.

WAS IST ÜBERHAUPT EIN RITUAL?

Bei einem Ritual werden bestimmte Verhaltensweisen in bestimmten Situationen oder zu bestimmten Zeitpunkten wiederholt.

Ein Ritual unterliegt bestimmten Regeln und folgt einem festen Ablauf.

Meist werden Rituale geübt, sodass deren Ablauf nach einer Weile vertraut ist.

Sie werden kaum Eltern finden, die den Nutzen fester Rituale nicht unterschreiben würden. Trotzdem gehören sie leider wahrscheinlich zu den am wenigsten beachteten Ratschlägen. Dennoch: Kinder brauchen einen geregelten Tagesablauf und Rituale, die das Gerüst für ein zufriedenes Kinderleben bilden können.

Manche Eltern halten feste Rituale und Abläufe heute für ein Zeichen eines „autoritären Erziehungsstils". Dies sind aber zwei verschiedene „Paar Schuhe", die nichts miteinander zu tun haben.

Die einschlägige Forschung sagt dazu: Fixpunkte spielen im Tagesablauf für die psychische und physische Gesundheit von Kindern eine sehr wichtige Schlüsselrolle. Es sollten mindestens die folgenden zwei Fixpunkte sein:

- Eines der allerwichtigsten Rituale ist die im Wesentlichen immer gleiche Zubettgehzeit mit den dazugehörenden Ritualen (vergleiche Kapitel „Tagesablaufrituale").
- Der zweite wichtige Punkt sind feste Mahlzeiten, mindestens jedoch eine am Tag, an denen sich die gesamte Familie um den Tisch versammelt – und dort auch bis zum Ende der Mahlzeit gemeinsam bleibt.

Solche Rituale geben jedem Menschen, insbesondere unseren Kindern, Sicherheit, Geborgenheit und Verlässlichkeit.

Haben die Rituale erst Einzug in Ihrem Haushalt bzw. Ihr Leben gehalten, dann werden Sie feststellen, dass Ihr Familienleben dadurch viel unbelasteter und entspannter verläuft.

Durch die Rituale ist genau, d.h. kompromisslos, vorgegeben, wann was wie zu machen ist. Sie ersparen sich dadurch im Normalfall Diskussionen und schonen Ihre Nerven.

Aus eigener Erfahrung können bestimmt alle Leser bestätigen, dass Kinder sich immer gleich Ablaufendes wünschen, denn dann können sie in bestimmten Situationen mithelfen und wissen vorab, was als Nächstes folgt. Wenn sie richtig liegen, erleben sie die Wiedererkennungsfreude. Sie können sich darauf verlassen. Selbst lästige Pflichten können durch Rituale so für Kinder zu lustigen Eckpunkten des Tages werden, die sie nicht mehr missen möchten.

An viele Rituale erinnern wir uns vielleicht selber noch gerne zurück.

„Ich habe meinem Vater, wenn er abends im Keller gepolstert hat, Kaffee gebracht – und Quark als Nachspeise für seinen Feierabend."

Rituale helfen, das Leben zu strukturieren, und sie bieten verlässliche Inseln, die aber nur funktionieren, wenn sie nicht zur Pflichtübung werden. Doch auch für manche Pflichtübungen bringen Rituale Entlastung. Sie funktionieren als Ordnungsstrukturen in der Familie, an die sich jeder halten kann. Sie vereinfachen ganz alltägliche Abläufe, über die dann niemand mehr diskutiert!

WAS RITUALE ALLES KÖNNEN

- Rituale geben Ihrem Kind Sicherheit, Halt und schenken Geborgenheit.
- Rituale fördern die Selbstständigkeit Ihres Kindes.
- Rituale machen den Alltag vorhersehbarer.
- Rituale reduzieren Ängste Ihres Kindes.
- Rituale schaffen Ordnung und Orientierung für Sie und Ihr Kind.
- Rituale können Ihrem Kind helfen, Krisen zu bewältigen.
- Rituale helfen beim Lernen und fördern die Konzentration Ihres Kindes.
- Mit Ritualen können Sie Ihrem Kind Regeln erklären und Grenzen setzen.
- Rituale halten Ihr Kind gesund.
- Rituale führen insgesamt bei Ihrem Kind zu einer starken Persönlichkeit und sorgen dafür, dass es rundum gut gedeiht!

Wenn Rituale als selbstverständliche Bestandteile des Alltags verinnerlicht wurden – manchmal werden sie uns erst dann bewusst, wenn sie verändert werden sollen –, dann kann es durchaus passieren, dass Eltern heftigen Protest von ihren Kindern ernten. Z. B., wenn sie statt des jahrelang üblichen Campingplatzes einen neuen Campingplatz vorschlagen oder statt in die Berge an die See fahren wollen.

Vergleichen Sie ruhig auch Ihre eigenen Familienrituale mit denen anderer Familien. Manchmal zeigt ein solcher Vergleich, dass es bereits viele tolle Rituale in der eigenen Familie gibt, auf die Sie alle stolz sein können. Oder es fallen Ihnen noch Rituale auf, die Sie ändern oder ergänzen möchten.

Rituale und der richtige Umgang im Tageslauf

Rituale sind, wie gesagt, Handlungen, die immer den gleichen Ablauf haben. Sie bieten einen strukturierten Handlungsablauf im Alltag und helfen, zwischenmenschliche Interaktionen durchzuführen. Weitere Vorteile von Ritualen sind, dass sie Gemeinschaften stärken, Sicherheit geben und Ängste vermindern. Voraussetzung ist, dass sie von allen, bzw. einer Mehrheit, anerkannt und praktiziert werden. Rituale müssen mit den beteiligten Personen besprochen und von ihnen akzeptiert werden, da sie einen Eingriff in die Persönlichkeit darstellen können.

Oft wird mit der Hilfe von Ritualen bewusst oder unbewusst der Tagesablauf strukturiert und gesteuert. Rituale und Regeln sind ein wichtiger Baustein in der pädagogischen Arbeit, was sowohl den Kindergarten als auch die Schule, insbesondere die Grundschule, betrifft, wo bewusst mit Ritualen gearbeitet wird. In der Schule beispielsweise wird durch Rituale der Unterricht gefördert und strukturiert.

Immer wieder das gleiche Lied singen, immer wieder das gleiche Spiel spielen, dies mag für Sie als Erwachsenen langweilig klingen. Aber was aus Erwachsenensicht abwechslungslos klingt, ist gerade für Kinder förderlich. Wiederholungen erlauben Kindern beispielsweise einen einfachen Einstieg in den Sprachgebrauch: „Das kenne ich!" Auch der respektvolle Umgang und ständige Wiederholungen mit allen Beteiligten sind ein großer Vorteil. Kleine Rituale im Sprachgebrauch vermitteln Orientierung und werden schnell und teilweise sofort verstanden. Ein Ritual sollte jedoch allen bekannt sein, und alle Beteiligten müssen es akzeptiert haben.

Bestimmte Rituale sind Teil einer bestimmten Abfolge. Alle Kinder wissen beispielsweise, wie sie sich verhalten sollen, wenn sie in ihrer Kita ankommen. Ihr Kind weiß ganz genau, dass nach dem Abendbrot noch ein paar Minuten ruhig gespielt werden darf, und danach geht es weiter mit dem sich täglich wiederholenden Ritual, das zunächst ins Bett und dann in den Schlaf führt.

Sollte ein Ritual aber zwanghaft werden, sollte es schnell aufgelöst und entweder abgeschafft oder durch ein besseres ersetzt werden.

Weil viele Rituale positive Aspekte beinhalten, kann man sich ihnen nur schwer entziehen.

Rituale und Regeln

Rituale sind zwar keine Regeln, haben aber mit diesen einiges gemeinsam. In der Erziehung und bei der Arbeit mit Kindern in einer Tageseinrichtung, einer Schule oder im Verein geben Regeln Sicherheit. Stellen Sie sich ein Handball- oder Fußballspiel ohne bestimmte Regeln vor, dieses würde wohl ein sehr fantasievolles Spiel.

Jeder hat schon Regeln erlebt und legt sich selbst Regeln auf. Wenn Regeln bestehen, muss es auch Sanktionen bei der Nichteinhaltung bestimmter Regeln geben. Diese Sanktionen werden teilweise gemeinsam in einem Haushalt oder in einer Tageseinrichtung erarbeitet oder bestehen durch eine Hausordnung. Im Gegensatz dazu sollte es bei der Nichtdurchführung von Ritualen keine Sanktionen geben, da Rituale ein positives Erziehungselement darstellen und nicht mit „Bestrafung" verknüpft sein sollten.

Wie Rituale das Zusammenleben vereinfachen und Gemeinschaft(en) entwickeln

Rituale helfen nicht nur Ihrem Kind, sondern auch Ihnen als Eltern, denn sie liefern Ihnen eine Art „Fahrplan“ für täglich wiederkehrende Situationen. Oder auch dafür, wie Sie sich in den unterschiedlichen Situationen zu verhalten haben.

Die von uns durchgeführten und gewählten Rituale basieren zumeist auf dem, was wir selber in der eigenen Kindheit erlebt haben, und dem, was wir im Laufe unseres Lebens gelernt, gesehen oder vielleicht auch gelesen haben. Dazu kommen noch unsere idealen Wunschvorstellungen davon, was uns im Leben selber wichtig ist, und unsere eigenen Werte und Normen, nach denen wir leben. Aus all diesem entwickelt jeder von uns automatisch Rituale, die er für sich selbst und für seine Kinder richtig und wichtig findet. Oft ist es uns gar nicht bewusst, dass unser Handeln schon das eine oder andere Ritual beinhaltet. Doch wenn Sie mal genau nachdenken, wird Ihnen auffallen, dass Sie in bestimmten Situationen immer wieder gleich handeln – und sei es nur, was die Wahl des Weihnachtsessens betrifft.

Neben diesen automatischen Ritualen ist es gerade im Zusammenleben mit Kindern wichtig, viele verschiedene Rituale für die unterschiedlichsten Alltagssituationen, wie z. B. das gemeinsame Frühstück oder die Verabschiedung an der Tür, zu praktizieren. Jedes Ritual gibt Ihrem Kind Sicherheit und Halt, gerade wenn es mit Veränderungen beispielsweise beim Wechsel auf die weiterführende Schule oder in der Pubertät zu kämpfen hat. Es lernt dann, mit diesen Veränderungen besser umgehen zu können.

Außerdem prägen Rituale das Gemeinschaftsgefühl innerhalb der Familie und auch mit anderen Menschen, wenn man merkt, dass man ähnliche Rituale wie andere Menschen praktiziert.

Ritualgegenstände – wann und wie lange sind sie sinnvoll?

Wenn man genau überlegt, kann doch jeder sagen, dass Rituale jeden von uns sein Leben lang begleiten und daher immer sinnvoll und präsent sind. Je nach Alter sind bestimmte Körperkontakte, Handlungen oder Gegenstände Hilfsmittel für ein Ritual, welche eine Handlung personifizieren und daher sehr sinnvoll sind.

Ein Ritualgegenstand kann alles sein. Für jeden Einzelnen kann etwas anderes sein persönlicher Ritualgegenstand sein, der sich jederzeit – auch abhängig vom Alter oder Entwicklungsstand – ändern kann. Das verdeutlicht z.B. der Gebrauch eines Schnullers beim Baby: Er wird eine bestimmte Zeit benötigt, und im nächsten Moment ist z.B. das Nuckel- oder Knuddeltuch aktuell. Oder die Puppe, die im Kindergarten Kummer- oder Sorgenpuppe genannt wird, hilft Ihrem Kind, die anfänglichen Ängste vor dem Alleinsein – ohne Eltern – zu nehmen. Später ist es ein bestimmtes Buch, ein Lied, das Haustier, ein Schmuckstück, ein Brief oder ein spezielles Kleidungsstück. Ihrer Kreativität und der Kreativität Ihres Kindes sind dabei keine Grenzen gesetzt.

Diese und viele andere Gegenstände sind Hilfsmittel, ohne die bestimmte Rituale nicht möglich und realisierbar sind.

Jeder macht etwas anderes mit seinem Ritualgegenstand. Der eine drückt z.B. die Puppe, weil er Nähe braucht, der Nächste drückt die Puppe, da er Angst hat und so seine Sorgen loswerden möchte, und der Übernächste drückt die Puppe, weil sie ihm die Schmerzen durch den Sturz mit dem Roller nehmen soll. So hat diese eine Puppe z.B. nur die „Trösterfunktion“ oder nur die „Angstnehmfunktion“. Die Puppe übernimmt meist nicht auch gleichzeitig die „Kuschelpuppenfunktion“. Die übernimmt wieder ein anderer Gegenstand.

In jedem Alter sind die jeweiligen Ritualgegenstände und die daraus resultierenden Rituale für den Einzelnen etwas ganz Besonderes. Die Betonung liegt bei „jedem Alter“, d.h. auch im Erwachsenenalter. Manche Rituale wurden bereits von unseren Eltern auf uns übertragen und werden von uns wieder auf unsere Kinder übertragen. Rituale sind oft zeitlos.

Solange ein Ritualgegenstand für die Person, die es nutzt, sinnvoll ist, so lange ist er wertvoll und bedeutsam. Schließlich führt der Gegenstand dazu, dass ein Ritual ausgeführt wird. Die Rituale geben Vertrauen, Sicherheit, Geborgenheit und helfen dabei, richtungsweisend zu sein, aber auch Ängste und Sorgen zu nehmen.

Doch nicht immer sind es „Gegenstände", die ein Ritual unterstützen, es kann z.B. auch eine Geste sein: Wenn Sie Ihr Kind jeden Morgen umarmen und ihm jeden Morgen beim Aufwachen und jeden Abend beim Zubettgehen einen Kuss geben, so sind das Umarmen und der Kuss und damit die so wichtige körperliche Nähe ein Ritual.

Wo Rituale schaden können

Im ersten Moment scheint es Ihnen vielleicht unsinnig zu sein, dass Rituale Schaden verursachen können. Allerdings nur auf den ersten Blick, denn sie können unter Umständen in schlechter Erinnerung behalten werden oder sogar (großen) Schaden anrichten.

„Wenn ich an den Wochenenden bei meiner Oma war, sind wir immer zum Friedhof gefahren, zu ihrem Mann. Dort haben wir für ihn eine Kerze angezündet, das Grab sauber gemacht, die Blumen gegossen und für ihn gebetet. Ich durfte nie Fahrrad fahren, obwohl mir der Weg immer so lang vorkam, und ich musste immer still sein – aus Respekt vor den Verstorbenen."

„In den Ferien war ich zusammen mit meiner Cousine bei meinem Onkel eingeladen, dort gab es das Mittagsschlafritual. Das war immer ätzend!"

„Ein Ritual war immer, meiner Mutter in den kompletten Osterferien beim Hausputz zu helfen. Freie Zeit war nicht viel übrig."

Es gibt Situationen und Handlungen, die ein Kind durchführt oder erlebt, die es selbst nicht einschätzen, steuern und entscheiden kann oder einfach nicht mag. Diese Handlungen werden durch andere Personen, egal ob es die Eltern, Großeltern oder weitere Personen des Umfeldes sind, entschieden und durchgeführt. Diese Situationen und Handlungen können allerdings Folgen für das weitere Leben des Kindes haben. Im schlimmsten Fall verursachen sie sogar psychische Schäden, die einen ein Leben lang begleiten. Ein Beispiel könnte sein, dass der Betroffene gar nicht versteht, was Sie mit einer bestimmten Handlung bewirken wollen. Sie haben eine ganz andere Intention bzw. ein anderes Ziel, welches Sie mit Ihrem Tun erreichen wollen. Es kann jedoch sein, dass das für Ihr Kind z. B. unverständlich und nicht nachvollziehbar ist und vielleicht Ängste auslöst.

Ein schreckliches Erlebnis aus der Kindheit einer Mitautorin dieses Buchs ist die Erinnerung an den Tod ihrer Tante. Ihre Cousine wollte unbedingt, dass sie mit ihr gemeinsam in die Leichenhalle zur Verabschiedung kommt, da sich das doch für die Verwandten so gehöre und schon immer so gewesen sei. Nach langem Überreden sei sie – um der Cousine einen Gefallen zu tun – mitgegangen. Bis zu diesem Zeitpunkt habe sie ihre Tante in wundervoller Erinnerung gehabt. Leider habe sich das durch den Anblick in der Leichenhalle völlig geändert. Seitdem habe sie, egal in welchem Verhältnis sie zu dem Toten stehen, ein Problem mit Leichenhallen und Verabschiedungen. Sie habe jetzt schon Angst davor, wie sie reagiere, wenn z. B. die eigenen Eltern sterben. Für die Cousine sei der Anblick nicht schlimm gewesen und habe bei ihr keinerlei Probleme verursacht, aber bei der Mitautorin habe dieses familiäre Ritual einen „bleibenden Schaden“ hervorgerufen.

Zwingen Sie beispielsweise Ihr Kind zu etwas, was Sie für gut befinden, und Ihr Kind wehrt sich, weil es Angst hat, kann das zu lebenslangen Ängsten in Bezug auf diesen Zwang führen. Ihr Kind hat ein anderes Verständnis, ist unreifer und vielleicht mit der Situation überfordert.

Seien Sie unbesorgt: Wenn Sie ein paar einfache Regeln beachten, sind Rituale eine sehr hilfreiche und schöne Bereicherung für Sie und

Ihr Kind. Welche das sind, erfahren Sie im weiteren Verlauf dieses Buchs.

Aber Achtung: Zwanghafte regelmäßige Übungen, die durch die Eltern veranlasst werden, wirken kontraproduktiv! Nur wenn die Kinder und Eltern etwas Positives mit den Ritualen verbinden, werden sie auch gepflegt. Wichtig ist zudem, dass Rituale immer wieder hinterfragt werden und nicht auf ewig festgeschrieben sind. Denn auch Rituale wachsen und verändern sich. Sie sollten regelmäßig überprüft und angepasst werden. Anpassungen sollten z. B. an das Alter der Kinder, die sich verändernden Bedürfnisse oder auch an neue Familienstrukturen erfolgen.

So ist z. B. bei Kleinkindern das Kuscheln am Sonntagmorgen noch angesagt. Bei Jugendlichen steht es eher nicht mehr auf dem Programm. Dafür ist vielleicht ein „Sonntagsbrunch“ am späten Vormittag sehr beliebt. Und daraus entwickelt sich Jahre später, dass die „großen Kinder“ auch als Studenten am Sonntag gerne nach Hause kommen.

Manchmal kann das Beharren auf Ritualen zu Stress führen, wenn z. B. junge Paare Rituale aus ihren eigenen Familien mitbringen und diese dann pflegen möchten. Vielleicht passen die Rituale nicht in die neue Familie oder die Partner haben unterschiedliche Ansichten. Hier ist immer ein besonderes Maß an Toleranz und Feingefühl angesagt, um dann gemeinsam die neuen, eigenen Familienrituale festzulegen und zu pflegen.

So führen Sie Rituale ein

- Am einfachsten geht es sicherlich, wenn Sie sich als Eltern gemeinsam darüber Gedanken machen, welche Rituale Sie einführen möchten.
- Versuchen Sie nicht gleich eine ganze Reihe von Ritualen einzuführen, sondern belassen Sie es erst einmal bei zweien.

- Führen Sie diese Rituale nicht mit großer Ankündigung und Tamtam ein, sondern schleichen Sie sie einfach in den ganz normalen Tagesablauf, eher beiläufig, ein.
- Wenn Ihr Kind Sie dazu befragt, geben Sie natürlich gerne Auskunft darüber. Z. B. warum jetzt alle Familienmitglieder bis zum Ende des Abendessens sitzen bleiben sollen. Ihre Kinder werden es mit Sicherheit verstehen.
- Denken Sie daran, dass auch Sie als Erwachsene sich daran halten müssen. Sie werden feststellen, dass manche Rituale ganz schnell funktionieren und manche etwas länger brauchen, bis sie im Alltag angekommen sind.

Wenn Sie diese Regeln beachten, gelingt Ihnen jedes Ritual.

SO GEHT'S MUNTER DURCH DEN TAG

Ein gut geplanter und vor allem strukturierter, sich stets wiederholender Tagesablauf mag Ihnen selber langweilig vorkommen. Für Ihr Kind ist dies aber ganz und gar nicht der Fall. Es liebt Routine und gleichförmige Wiederholungen, diese lösen bei ihm Gefühle wie Sicherheit, Schutz und Vertrauen aus.

Der Tagesablauf bzw. Ihre Routine wird sich allerdings auch immer wieder ändern. Das hängt von sich ändernden Gegebenheiten, dem Alter und der Entwicklung Ihres Kindes ab. Achten Sie daher gezielt darauf, ob etwas geändert werden muss, damit kein Zwang, Druck und zu viel Enge ausgeübt wird.

Vergessen Sie nicht, bei allen Strukturen auch Freiraum – freie Zeiten – einzubauen, in denen Ihr Kind spielen oder andere Dinge tun darf, zu denen es Lust hat.

Guten Morgen!

Der Tag beginnt mit dem Aufwachen. Frühes Aufstehen, sich waschen und frühstücken gehört nicht wirklich zu den Lieblingsbeschäftigungen von Kindern. Wenn Sie dann noch ein „Morgenmuffelkind" haben, dann kann es schnell passieren, dass es schon am frühen Morgen Stress oder gar Streit gibt. Mit der richtigen Taktik und den bereits in frühen Jahren eingeführten Morgenritualen kann jeder Morgen stressfreier und entspannter starten.

„Morgens hat es eine Zeit lang bei uns zu Hause immer geknallt. Ich habe meine Tochter erst relativ spät geweckt, damit sie auch wirklich ausgeschlafen war, wenn sie in den Kindergarten bzw. in die Schule kam. So mussten wir uns aber immer beeilen. Spätestens beim Waschen nach dem Frühstück, gab es Theater. Es kam häufig vor, dass ich meiner Tochter unter Tränen die Zähne geputzt habe und sie in ihre Kleidung stecken musste. Nicht selten waren wir beide vollkommen entnervt, wenn wir uns voneinander verabschiedet haben. Und ich denke, ich muss Ihnen als Eltern nicht sagen, was das für ein blödes Gefühl ist.

Irgendwann habe ich mit meiner Tochter überlegt, warum es jeden Morgen ein solches Theater gibt. Sie hatte darauf eine ganz einfache Erklärung. Meine Tochter wollte morgens einfach noch ein paar Minuten spielen, bevor unsere weitere Morgenzeremonie startete. Gemeinsam haben wir dann beschlossen, dass sie abends ca. 20 Minuten eher ins Bett geht und dafür am Morgen früher geweckt wird, damit sie noch eine kurze Zeit spielen kann, bevor wir gemeinsam frühstücken und uns für den Kindergarten/die Schule und die Arbeit fertig machen müssen."

Manchmal sind es nur ein paar Kleinigkeiten oder auch nur wenige Minuten, die den Start in den Tag so viel einfacher machen. So kann ein Morgen auch ganz anders und schöner gestartet werden:

Raus aus den Federn!

Aus dem Aufwachen können Sie ein sehr schönes individuelles Aufwachritual gestalten, hier das Beispiel einer Mitautorin:

„Morgens wecke ich liebevoll meine Tochter. Nachdem ich langsam die Jalousie ein wenig hochgezogen habe, streiche ich ihr sanft über die Haare und gebe ihr einen Kuss. Während meine Tochter langsam wach wird, fange ich an, den Frühstückstisch zu decken. Dabei lasse ich die Kinderzimmertür offen, damit sie die Geräusche hört und nicht auf die Idee kommt, sich umzudrehen und weiterzuschlafen. Selbst wenn meine Tochter schon vor mir wach wird, bleibt sie in ihrem Bett liegen, weil sie dieses Ritual, das wir jeden Morgen ausüben, genießt und nicht darauf verzichten möchte."

Ein Aufwachritual ist jeweils abhängig vom Rhythmus Ihres Wachwerdens und dem Ihres Kindes.

Zählen Sie und Ihr Kind morgens eher zu den ausgeglichenen Typen, so kann der Tag ruhig starten, indem Sie leise ins Zimmer kommen, Ihr Kind wachküssen, ein wenig die Jalousie hochziehen, damit Ihr Kind langsam wach wird und der Raum nicht direkt ungemütlich hell ist. Vielleicht stellen Sie noch leise Musik an und geben Ihrem Kind etwas Zeit, in Ruhe aufzuwachen, bevor es aufstehen muss, so kann der Tag viel stressfreier starten. Vielleicht könnte so ein guter Tagesbeginn aussehen.

Ist Ihr Kind ein „Morgenmuffel“, dann gewähren Sie ihm die Ruhe, die es benötigt. Am Nachmittag oder Abend ist noch genug Zeit, um aus sich herauszukommen. Zeigen Sie Ihrem Kind, wie agil Sie an den Tag herangehen und auch schwierige Aufgaben lösen. Quälen Sie es aber nicht mit Dingen, die für Sie wichtig sind, sondern versetzen Sie sich auch in Ihr Kind hinein.

> „Morgens mit meiner Tochter im Bett schmusen, kuscheln und ihren Frühsport mit ihr im Bett machen – das heißt Fahrrad in der Luft fahren –, das war immer sehr lustig.“

Kennen Sie das Lied „Körperteile wecken“? Dies ist vielleicht auch eine gute Möglichkeit, sich und Ihr Kind morgens auf eine schöne Weise zu wecken.

KÖRPERTEILE WECKEN

Guten Morgen, liebe Arme, wir wollen euch jetzt wecken.
Guten Morgen, liebe Arme, mit Recken und mit Strecken.
Guten Morgen, liebe Beine, wir wollen euch jetzt wecken.
Guten Morgen, liebe Beine, mit Recken und mit Strecken.
usw.

Das funktioniert mit allen Körperteilen, probieren Sie es doch einfach mal aus!

Oder Sie machen jeden Morgen mit Ihrem Kind den Sonnengruß aus dem Yoga. Diese und weitere schöne Yogaübungen für Kinder finden Sie beispielsweise in dem Buch: „Sina und die Yogakatze" von Ursula Karven.

Wenn Ihr Kind weiß, dass der Ablauf jeden Morgen gleich ist, dann weiß es auch, dass es sich auf Sie verlassen kann und keine Ängste haben muss, z. B. zu spät in den Kindergarten oder die Schule zu kommen.

Wichtig ist dann, dass auch der weitere Ablauf immer gleich ist, damit Ihr Kind weiß, was noch zu tun ist, und sich darauf einstellen kann.

Ki-Ka-Katzenwäsche

Nach dem Aufstehen ist es selbstverständlich, dass Sie mit Ihrem Kind zum Waschen ins Bad gehen. Die Körperhygiene hat ihren individuellen Ablauf. Schon ganz kleine Kinder können hier von einem gleichmäßigen Ablauf, einem Ritual, profitieren.

Wenn Ihr Kind noch gewickelt werden muss, gibt es auch schöne Wickeltischrituale. Ein unserer Mitautorinnen hat z. B. immer erst einmal zu Beginn das „kleine Männlein" zu Besuch kommen lassen. Das Baby hatte daran sehr großen Spaß und ließ das Wickeln sehr geduldig über sich ergehen, da nach dem Wickeln das „kleine Männlein" noch einmal vorbeigekommen ist.

DAS KLEINE MÄNNLEIN KOMMT ZU BESUCH

Geht ein Männchen die Treppe hoch (mit der Hand am Bein hoch bis Knie),
bleibt ein bisschen hocken (am Knie kitzeln),
geht noch ein Stückchen weiter hoch (die Finger weiter bis zum Hals hochkrabbeln lassen),
schellen (dabei leicht am Ohrläppchen ziehen) oder klopfen (ganz leicht an die Stirn klopfen).
Bimbam, bimbam (noch einmal leicht am Ohrläppchen ziehen)!

Wichtig ist es auch hier, dass Sie sich nach Möglichkeit angewöhnen, den Wickelvorgang ebenfalls zu ritualisieren.

Wenn Ihr Kind dann schon etwas größer ist, kann es bei diesen Ritualen auch helfen. Es kann z. B. das eigene kleine Handtuch, was an seinem Haken in seiner Höhe neben dem Waschbecken hängt, greifen, während Sie ihm die Trittleiter vor dem Waschbecken bereitstellen. Nach dem Händewaschen kann es dann selber mit dem eigenen Handtuch die Hände abtrocknen.

Grün, grün, grün sind alle meine Kleider ...

Danach ist das Anziehen an der Reihe. Vielleicht haben Sie schon am Abend zuvor herausgesucht, was Ihr Kind gerne anziehen möchte, und damit ein hübsches „Kleidermännchen“ auf dem Boden mit den Anziehsachen für den nächsten Morgen gelegt?

Vielleicht ist es Ihr Ritual, gemeinsam aus dem Fenster zu schauen und zu überlegen, ob es kalt oder warm ist und ob die ausgesuchten Sachen passen oder noch ergänzt werden müssen. Oder Sie hören hierzu gemeinsam die Wettervorhersage im Radio und überlegen, welche Jacke Ihr Kind anzieht, und ob es Schal, Mütze, Handschuhe oder Sandalen benötigt ...

Es kann auch ein schönes Ritual sein, wenn Sie Ihrer Tochter morgens immer die Haare kämmen oder bürsten und flechten oder eine andere schöne Frisur machen. Vielleicht suchen Sie auch stets gemeinsam mit Ihrem Kind die entsprechenden Klämmerchen für die Frisur aus.

Schauen Sie einfach, welche Rituale am besten in den Ablauf passen, und seien Sie kreativ.

Frühstück

Nach dem Aufwachen, Aufstehen, Waschen und Anziehen folgt das Allerwichtigste: das Frühstück. Die gemeinsame Frühstückszeit ist nicht nur ein wichtiges Ritual, sondern auch die Grundlage für einen erfolgreichen Tag im Kindergarten oder in der Schule. Planen Sie für das Frühstück ausreichend Zeit ein. Dabei können Sie sich nicht nur stärken, sondern Ihr Kind kann beispielsweise auch Erinnerungen an seine Träume aus der letzten Nacht erzählen. War es ein belastender Traum, so kann das Erzählen befreiend und erlösend sein, und es muss diesen nicht länger mit sich herumtragen. Hat Ihr Kind z. B. eine schwierige Klassenarbeit zu schreiben, dann können Sie ihm jetzt z. B. mit einer kurzen Abfrage seine Sorgen und Ängste nehmen. Sie können auch den weiteren Tagesablauf der Familienmitglieder besprechen und planen.

Diese gemeinsame Zeit und die offenen Gespräche geben Ihrem Kind das Gefühl von Zusammengehörigkeit, Vertrauen, Sicherheit und Schutz in der Familie. Denken Sie daran, dass es ein ausgewogenes und gehaltvolles Frühstück braucht, damit es Kraft für den Tag hat.

Es kann auch ein schönes Ritual sein, wenn Ihr Kind beispielsweise immer das Brettchen mit seinem Namen oder einem Bild, was ihm gut gefällt, oder seine Lieblingstasse bekommt.

Am Mittag

Natürlich hat jede Familie auch zu dieser Tageszeit ihre individuellen Rituale. Vielleicht holen Sie Ihr Kind aus dem Kindergarten oder von der Schule ab oder es geht den Schulweg mit Mitschülern zusammen, da es schon älter und selbstständiger ist. Vielleicht haben Sie das Mittagessen bereits vorbereitet und sind gespannt, was Ihr Kind zu erzählen hat. Oder Sie sind ganz in Eile und haben kaum Zeit und es geht eher ganz chaotisch bei Ihnen zu. Vielleicht gibt es auch gar kein Mittagessen, weil die Kinder in der Kita oder der Schule essen ...

Wie auch immer es bei Ihnen zu Hause abläuft, Rituale können Ihnen auch hier ungemein helfen, die Mittagszeit und die Ankunft zu Hause gut zu strukturieren.

All diese Rituale sind wie gesagt individuell ganz unterschiedlich. Wichtig ist nur, dass die Abläufe in Ihrem Haushalt immer gleich sein sollten, damit Ihr Kind weiß, was folgt, und dadurch Sicherheit verspürt. Es muss z. B. wissen, dass es mittags etwas zu essen gibt.

RITUALE FÜR DAS HEIMKOMMEN

Zu Hause angekommen, werden als Erstes die Straßenschuhe und Jacken ausgezogen und an ihren Platz geräumt und natürlich die Hausschuhe angezogen. Selbstverständlich werden aus der Kindergartentasche/Schultasche die Getränkeflasche und die Butterbrotdose ausgeräumt und in die Küche zum Abwasch gebracht. Da gleich zu Mittag gegessen werden soll, müssen sich noch alle die Hände waschen, bevor es an den Mittagstisch geht. Vielleicht ist es je nach Alter bei Ihnen üblich, dass beim Tischdecken einer für die Teller und das Besteck zuständig ist, ein anderer für die Gläser und Getränke und ein Dritter für das Abräumen. Vielleicht ist es bei Ihnen auch üblich, dass vor dem Essen zusammen gebetet wird.

Beim Essen wird erzählt, was man erlebt hat und was es Neues gibt. Da muss so manches muss besprochen und geklärt werden.

In einigen Familien gibt es das Ritual, dass jeder der Reihe nach erzählt, was er an dem Tag erlebt hat. So stellen Sie sicher, dass jedes Familienmitglied etwas erzählt und keines untergeht. Dies kann zudem eine schöne Übung sein, um das freie Sprechen zu trainieren.

Nach dem Mittag legt jeder – je nach Alter – eine kurze Ruhephase ein, bevor es z. B. für die Schulkinder an die Hausaufgaben geht.

Zeit für eine Mittagspause

Erinnern Sie sich noch an Ihre eigene Schulzeit? Wissen Sie noch, wie anstrengend es manchmal war? Sechs Schulstunden und manchmal noch Sport dazwischen. Wenn man dann noch mit dem Rad nach Hause fahren und/oder einen schweren Tornister tragen muss, dann wird jeder verstehen, dass eine richtige Mittagspause sein muss! Denn auch für uns Erwachsene ist eine kleine Ruhepause immer wieder wichtig. Und gerne vielleicht auch einfach mal ohne die Kinder.

„Nach dem Mittagessen, nachdem gemeinsam der Tisch abgeräumt wurde, hat jeder bei uns zu Hause – auch die Erwachsenen – mindestens 20 Minuten Mittagsruhe, in der Zeit legen sich die ganz Kleinen kurz hin, größere Kinder spielen leise, schauen sich ein Buch an oder hören ein Hörspiel. Und wir Erwachsenen nutzen die Chance, auch einmal zu einem Buch oder einer Zeitschrift zu greifen.“

Selbst wenn Ihr Kind größer wird, sind feste Ruhezeiten, auch wenn dann nicht geschlafen wird, durchaus sinnvoll. Früher war es gewohnt, einen Mittagsschlaf zu machen. Jetzt wird es das wahrscheinlich nicht mehr tun, aber eine Ruhepause würde ihm vielleicht auch guttun. Vereinbaren Sie mit Ihrem Kind, dass es z. B. nach dem Mittagessen eine feste Ruhezeit von ca. 30 Minuten gibt. In dieser Zeit kann es Bücher anschauen, leise etwas spielen oder ein Hörspiel hören. Wichtig ist, dass es in dieser Zeit nichts Aktionsreiches macht.

Hier zwei wunderbare Ideen, wie Sie ganz einfach eine schöne Mittagsruhe „zaubern“ können.

TIPP: DIE ZAUBERINSEL

Mithilfe einer (Picknick-)Decke, die Sie im Zimmer Ihres Kindes ausbreiten, und ein paar Kissen können Sie ganz leicht für Ihr Kind eine schöne „Ruheinsel“ zaubern.

TIPP: DIE SCHATZKISTE

Vielleicht etablieren Sie auch eine „Zauberkiste“ speziell nur für die Mittagspause, eine Art „Ruhezauberkiste“, in der lauter schöne, leise, entspannende Dinge drin sind. Dies könnten z. B. besondere Stifte und ein Malblock oder ein Ausmalbuch, (Bilder-)Bücher, ein Webrahmen, eine Strickliesel, Steckperlen, ein Mandala-Malblock und anderes sein. Überlegen Sie gemeinsam einen schönen Namen für die Kiste. Diese besondere Kiste wird an einem besonderen Ort verwahrt und von Ihnen nur zur Mittagspause hervorgeholt und anschließend auch wieder verstaut.

Guten Abend, gute Nacht

Geregelte Schlafenszeiten sind für jedes Kind absolut wichtig, damit es sich an einen gesunden Schlafrhythmus gewöhnt. Das gilt für jedes Alter. Wie viele Eltern wären froh, wenn ihre Kinder abends einfach schnell einschlafen würden. Dabei ist das aber gar nicht so schwer ... Die Nachteile von unregelmäßigen Bettzeiten führen Studien zufolge zu einem körperlichen und psychischen Zustand, den man mit dem Jetlag vergleichen kann. Da die ungestörte frühkindliche Entwicklung einen tief greifenden Einfluss hat auf die lebenslange Gesundheit und das Wohlbefinden, ist es besonders wichtig, darauf zu achten, dass es nicht zu Störungen des Schlafrhythmus kommt, vor allem nicht in der entscheidenden Zeit der Entwicklung eines Kindes. Das kann langfristig zu Gesundheitsproblemen führen, die sich dann bis ins hohe Alter fortsetzen können.

So gibt es laut Forschungen ein Verhältnis zwischen Schlafenszeiten im dritten, fünften und siebten Lebensjahr zu späteren Verhaltensauffälligkeiten bei Kindern. Und bei Dreijährigen zeigten sich bei unregelmäßigen Schlafenszeiten Perioden von Schlaflosigkeit und auffälligen Verhaltensweisen. Wann immer aber in der Zwischenzeit eine regelmäßige Zubettgehregel eingeführt und durchgehalten worden war, gingen die Folgen wieder zurück. Der langfristige Schaden kann so eindeutig begrenzt werden.

Bevor Ihr Kind ins Bett geht, sollten sich bestimmte Abläufe immer wiederholen, damit es weiß, dass gleich die Nachtruhe beginnt. Es startet beispielsweise mit dem Aufräumen des Kinderzimmers, dann folgen: Hände waschen, Abendbrot essen, etwas Zeit zum Spielen, ausziehen, Schlafanzug anziehen, waschen und Zähne putzen, vorlesen einer Geschichte, kuscheln, plaudern, evtl. beten, ein Glas Wasser ans Bett stellen, Kuscheltier parat legen, Nachtlicht einschalten etc.

„Als ich ein Kind war, haben wir abends immer zusammen im Wohnzimmer gesessen, und ich habe mit Mama und Papa gekuschelt. Wenn ich dann ins Bett sollte, haben mich meine Eltern in eine Decke gelegt, in der ich wie in einer Hängematte lag, vorne und hinten haben meine Eltern die Decke festgehalten und mich darin geschaukelt. In dieser Decke schaukelnd haben sie mich dann ins Bett getragen. Als ich dann im Bett lag, hat Mama mir ein Lied vorgesungen. Ich durfte mir immer eins aussuchen und habe mir aber stets das Gleiche gewünscht: ‚Der Hühnerhof' von Fredrik Vahle."

Auch wenn Ihr Kind noch nicht die Uhr kennt, weiß es genau, dass es nun zu Bett geht. Es wird abwechselnd von dem einen oder anderen Elternteil zu Bett gebracht, damit hier nicht der Wunsch entsteht, dass dies nur ein bestimmter Elternteil macht.

Im Kinderzimmer wird das Licht gedimmt und im Bett noch gekuschelt, geschmust, vielleicht eine Yogaübung gemacht, eine Geschichte vorgelesen, etwas vorgesungen, erzählt, was am Tag passiert ist. Zur Verabschiedung bekommt jeder von jedem einen Kuss, und das gedimmte Licht wird ausgeschaltet, die Spieluhr aufgezogen oder später eine CD mit Schlafmusik eingelegt und die Tür angelehnt.

Versichern Sie Ihrem Kind, anfangs häufiger – z. B. im Zehnminutenrhythmus – nach ihm zu schauen. Zu Beginn wird es noch aufpassen, ob Sie das wirklich machen, aber wenn es merkt, dass Sie Ihr Versprechen einhalten, wird es beruhigt einschlafen. Vergrößern Sie nach und nach diesen Zeitabstand.

Wichtig ist, dass von Anfang an eine ruhige und entspannte Stimmung herrscht. Ihr Kind braucht und liebt diese ritualisierten Abläufe.

Sie haben den Ausspruch „Ich bin noch gar nicht müde" sicher schon gehört, wenn Ihr Kind zu Bett soll. Wie sollen Sie sich nun verhalten, wenn Ihr Kind das sagt? Das Wichtigste ist: Bleiben Sie bitte ruhig, gelassen – und vor allem bleiben Sie in Ihrer Handlung bestimmt. Reagieren Sie auf keinen Fall mit Zorn oder Ärger auf das Zetern und Meckern Ihres Kindes. Nach kurzer Zeit starten Sie Ihre Zeremonie einfach noch einmal und ganz ruhig von Neuem.

UNTERSCHIEDLICHE ABENDRITUALE

- „Nach dem Essen noch ein paar Minuten spielen, dann umziehen, Zähne putzen (das wird übrigens gern bei den unwilligen Jungs mit einem Lied unterstützt), anschließend Geschichte vorlesen (gemeinsam auf dem Sofa oder Elternbett, eine vom Kind gewählte Geschichte), dann auf dem Elternbett eine Extrarunde Kuscheln und ab ins Bett mit Gutenachtlied – das sind unsere Rituale."
- „Unser Sohn darf um 19 Uhr das Sandmännchen angucken, bevor es ins Bett geht."
- „Als meine Kinder klein waren, haben meistens ihre Stofftiere noch mit ihnen gesprochen. Bei unser Tochter musste ihr Lieblingshase Felix am Rahmen der Zimmertür hochklettern, von oben staunend heruntergucken, noch etwas mit ihr sprechen und dann mit Anlauf oben von der Tür zu ihr ins Bett springen. Nach fünf Wiederholungen war dann spätestens Schluss. Ich schätze, das ging so zwei Jahre lang (im Alter von drei bis vier Jahren)."
- „Ein bis zwei Jahre lang war das Vorlesen immer wichtig vor dem Einschlafen – das beste Ritual überhaupt, denke ich."
- „Als die Kinder etwas älter waren, habe ich mit ihnen, zum Ärger ihrer Mutter, vor dem Einschlafen noch getobt oder mit der Hand unter der Bettdecke gewackelt, als ob sie ein Krebs ist, der den Kindern in den Po zwickt – alles meist mit viel Gekreische."
- „Die Kinder haben immer gewartet, dass ich noch zu ihnen komme und etwas „Blödsinn mache", sie waren dann zwar eher wieder wacher, aber zufrieden."
- „Als im Laufe der Grundschule die Fähigkeit zum Lesen dazukam, haben meine beiden Töchter viele Bücher bekommen und auch immer viel gelesen."
- „Ich kannte einmal einen kleinen Jungen, der nur einschlafen konnte, wenn er zwei Äpfel neben sich auf dem Kopfkissen liegen hatte. Leider kann heute keiner mehr nachvollziehen, woher dieses Einschlafritual kam."

Manche Kinder benötigen Wochen, bis sie das Ritual des Zubettgehens akzeptieren und anerkennen, manche verselbstständigen es schon nach wenigen Tagen. Wichtig ist, dass Sie auf jeden Fall ruhig dabei bleiben, ausdauernd und geduldig. Verzichten Sie aufgrund Ihrer eigenen Ungeduld bitte auf jeden Fall auf Einschlafhilfen wie Brust, Flasche, Schnuller (nur bei Babys), Herumtragen, Wiegen auf dem Arm, mit dem Auto oder im Kinderwagen herumfahren. Diese Einschlafhilfen führen ganz häufig zu Schlafstörungen bei Ihrem Kind, da es diese dann immer wieder, d.h. auch nachts, mehrfach einfordern wird. Ihr Kind gewöhnt sich sehr schnell an diese negativen Einschlafhilfen. Machen Sie Versprechungen und halten Sie diese immer, denn sonst verliert Ihr Kind das Vertrauen.

Wichtig ist, dass Sie ganz bewusst den Tag in Ruhe, mit Zeit für Ihr Kind und ohne Stress ausklingen lassen. Verzichten Sie auch schon kurz vor der Zubettgehzeit auf das Fernsehen und zu spannende Geschichten. Plaudern Sie stattdessen lieber gemütlich und in Ruhe über die Erlebnisse des Tages. Wühlen Sie Ihr Kind nicht mit Ärgernissen des Tages auf, sondern klären Sie diese direkt, wenn sie vorgekommen sind.

Benutzen Sie das Bett auf keinen Fall als Strafobjekt, in das Sie Ihr Kind stecken, wenn es böse war. Dann verbindet Ihr Kind das Bett nicht mit etwas Schönem, Erholsamem und dem Schlafen, sondern mit Ärger oder Angst.

Halten Sie durch, früher oder später hält ein Schlafrhythmus bei Ihrem Kind Einzug!

Gleich geht's ins Bett

Wählen Sie auch hier Ihre individuelle Reihenfolge. Diese sollte sich jedoch nie ändern, damit Ihr Kind sich auf den Ablauf einstellen kann und sich sicher fühlt. Ihr Kind sollte Körperpflege vom ersten Tag an die Körperpflege mit Ihnen zusammen als zärtlich, liebevoll und damit als etwas Schönes erleben. Durch die direkten Berührungen entsteht eine enge Bindung. Ihr Baby liebt es aus diesen Gründen, gewaschen, abgetrocknet und eingecremt zu werden. Es genießt die Zeit, nackig im warmen Zimmer mit Ihnen zu albern, zu spielen und zu schmusen. Begleiten Sie dieses Ritual durch schöne Reime und Lieder.

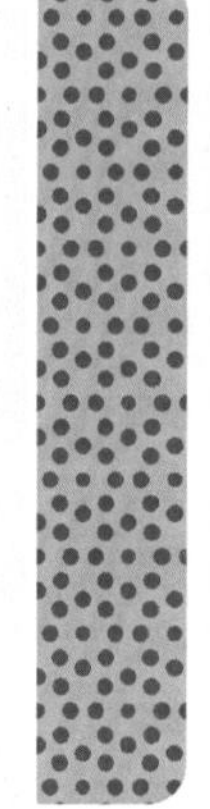

DAS WASSERMÄNNLEIN

Ein Wassermännchen kommt aus dem Waschlappen und krabbelt über die Hände, Arme bis zum Kopf, klopft an der Stirn an und stupst dann die Nase an.

Folgender bekannter Reim wird gern dazu gesprochen:

„Kommt ein Wassermännlein
mit dem Wasserkännlein,
geht den Berg hoch,
klopft an – guten Tag,
Herr Nasemann!"

HAMPEL UND STRAMPEL

Guten Tag, ihr lieben Beinchen.
Wie heißt ihr denn?
Ich bin der „Hampel"
und ich bin der „Strampel".
Ich bin das Füßchen „Tunichtgut"
und ich bin das Füßchen „Übermut".
Tunichtgut und Übermut gehen auf die Reise.
Patschen durch die Sümpfe,
nass sind Schuh und Strümpfe.
Schaut die Mama um die Eck,
laufen beide Füßchen weg.

Hierbei können Sie anfangs die Füße Ihres Kindes bewegen, später macht es das von ganz allein.

Wenn Ihr Kind älter wird, möchte es bekanntlich alles „alleine" machen. Hierzu muss es die Abläufe genau kennen und wissen, worauf es ankommt. Geben Sie Tipps und korrigieren Sie hilfreich.

Planen Sie vor allem genug Zeit ein, damit die Körperpflege in Ruhe und ohne Stress und Zeitdruck durchgeführt werden kann, so erfahren Sie keine Gegenwehr und Ihrem Kind macht es Spaß.

So wird die Badezimmerzeit schnell zu einer zwar notwendigen, aber angenehmen Routine, die somit zum individuellen täglichen Ritual wird.

Denken Sie auch hier daran, nicht laut zu werden und Ihr Kind auszuschimpfen, wenn etwas nicht klappt. Haben Sie Geduld. Manchmal helfen außerdem eigene, ausgedachte Badezimmerlieder oder -reime. Wichtig ist, dass Ihr Kind weiß, wann was bei der Körperpflege gemacht werden muss.

Zähne putzen mit Spaß

Warum Zähneputzen eigentlich so schlimm ist, dass so viele Kinder einen richtigen Aufstand proben, um sich nicht die Zähne zu putzen, ist nicht klar. Fakt ist: Viele Kinder haben keine Lust dazu. Aber auch hier können Rituale Wunder bewirken! Sie können bereits bei den Kleinen mit Zahnputzliedern beginnen, mit denen so lange die Zähne geputzt werden, wie das Lied läuft oder gesungen wird. Bei manchen Kindern hat auch eine Handpuppe Wunder vollbracht und quasi dem Kind die Zähne geputzt. Probieren Sie einfach aus, was bei Ihrem Kind funktioniert, und behalten Sie das dann bei, bis es seine Zähne alleine putzen kann.

„Interessanterweise ging bei unserer Tochter das Zähneputzen immer nur, wenn wir das Lied: ‚Alle Vögel sind schon da' gesungen haben, bei den Jungs muss man sich schon was einfallen lassen, das möglichst viel Abwechslung bietet und lustig ist, etwas was sie nicht erwartet haben."

Zur Ruhe kommen

Bei Kleinkindern können Sie noch sehr gut steuern, dass sie zur Ruhe kommen. Geben Sie dem Baby erst die Flasche oder die Brust, wechseln Sie danach die Windel, singen Sie dann leise das Einschlaflied und ziehen Sie noch mal die Spieluhr auf. So versteht Ihr Baby ganz schnell, dass der Tag zur Neige geht. Mithilfe dieser Rituale beeinflussen Sie auch die körperlichen Reaktionen der Kinder. Wenn leiser gesprochen und es ruhiger wird und Sie dann auch noch das Licht dimmen, schaltet der Organismus automatisch einen Gang herunter und bereitet sich aufs Schlafen vor.

„Wir haben ein sehr schönes Ritual: gemeinsam abends aus dem Fenster gucken, ggf. mein Kind auf dem Arm nehmen, Sterne, Mond oder auch Flugzeuge im Nachthimmel anschauen. Eventuell noch gemeinsam Textzeilen aus dem Kinderbuch ‚Weißt Du eigentlich, wie lieb ich Dich hab (Name)' sprechen –‚Ich hab Dich lieb bis zum Mond (Name), und ich hab Dich lieb bis zum Mond und wieder zurück'."

„Abends klettere ich immer gemeinsam mit meiner Tochter in ihr Bett, und wir kuscheln, während ich ihr eine Geschichte vorlese, unter ihrer Bettdecke. Oft erzählt sie mir nach dem Vorlesen noch verschiedene Dinge, die sie den Tag über erlebt hat. Dieses Ritual ist für sie sehr wichtig, um den Tag richtig abschließen zu können. Wenn ich dann das Kinderzimmer verlasse, knipse ich ihre Engellichterkette an und starte eine ruhige Hörgeschichte, oft ist es dieselbe, da sie bei dieser einen Geschichte immer gut einschlafen kann. Abends bevor ich ins Bett gehe, schaue ich noch einmal ins Kinderzimmer, mache die Lichterkette aus und decke meine Tochter richtig zu. Das Bewusstsein, dass ich noch einmal nachts ins Kinderzimmer komme, gibt meiner Tochter Sicherheit und lässt sie ruhiger schlafen."

Wie Sie sehen, können auch hier Handlungen und Ritualgegenstände äußerst hilfreich sein, damit Ihr Kind gut in den Schlaf findet.

Viele Kinder haben ein bestimmtes Kuscheltier, was im Bett nicht fehlen darf. Mit diesem schläft es sich besonders gut. Manchmal werden ihm abends im Bett noch die Sorgen oder Geheimnisse erzählt. Wenn es mal woanders übernachtet, hilft es Ihrem Kind, trotz ungewohnter Umgebung sicher in den Schlaf zu kommen.

„Als ich noch ziemlich klein war, gehörte zum Zubettgehen immer ein Gutenachtgebet. So konnte ich das Erlebte oder Sorgen dem ‚lieben Gott' erzählen und beruhigt einschlafen. Und meine Eltern erfuhren auch, was in meinem Kopf los war und konnten darauf reagieren und mir meine Ängste oder Sorgen nehmen. Dann nahm ich meinen Teddy in den Arm und schlief meist schnell ein. Dem Teddy habe ich manchmal auch von meinen Erlebnissen und Sorgen berichtet, so hatte ich einen Mitwisser, und alles war nicht mehr so schlimm. Meine Mutter oder mein Vater haben dann auf eine immer gleiche Weise meine Bettdecke um mich herum festgesteckt, damit ich bloß nicht friere, beschützt und behütet war. Die Kinderzimmertür blieb einen Spalt auf, damit Licht ins Zimmer fiel und meine Mutter geräuschlos noch mal nach mir schauen konnte."

Diese Rituale werden so lange durchlebt, bis durch das fortschreitende Alter etwas Neues oder Anderes aktuell wird. Rituale wechseln quasi von selbst und wachsen mit.

Viele Kinder drehen über den Tag hinweg ordentlich auf, dies kann an einem straffen Tagesplan, vielen neuen Eindrücken, Stress in Kindergarten oder Schule oder auch einfach am Charakter des Kindes liegen. Es gehört dazu, dass Kinder mal aufdrehen, aber genauso wichtig ist es, dass sie zur Ruhe kommen können. Denn spätestens wenn es langsam Abend wird und Ihr Kind ins Bett gehen soll, ist es unabdinglich, dass Ruhe einkehrt. Auch für Schulkinder, die sich für die Hausaufgaben konzentrieren müssen, ist es relevant, dass sie lernen – anfangs begleitet durch Sie als Eltern, später dann auch alleine –, wie sie zur Ruhe kommen können.

! TIPP: KLEINE RITUALE, MIT DENEN IHR KIND GEZIELT „RUNTERKOMMEN" KANN

Vorlese-Kuschel-Pause
Legen Sie zwischendurch eine Vorlesepause ein, kuscheln Sie sich dazu gemeinsam aufs Sofa oder auf einen anderen ruhigen Platz – auf Wunsch auch mit einer gemütlichen Decke –, und lesen Sie ein

ruhiges Buch vor. Vielleicht hat Ihr Kind ein besonderes Lieblingsbuch, was es immer vorgelesen bekommen möchte. Wenn Sie dies regelmäßig machen, werden Sie merken, dass es in dieser Situation ziemlich schnell entspannen kann.

Warme Milch mit Honig oder der Gutenachttee
Sicher kennen Sie auch die äußerst beruhigende Wirkung von warmer Milch mit Honig oder des Gutenachttees. Vielleicht ist dies ein Ritual, welches Sie einführen möchten, damit Ihr Kind am Abend zur Ruhe kommt.

Traum-/Fantasiereise
Gehen Sie auf Traum- oder Fantasiereise. Es gibt es schöne CDs mit Traumreisen für Kinder, aber auch im Internet werden Sie schnell fündig. Machen Sie zu Beginn gemeinsam mit Ihrem Kind diese Traumreise und reden Sie später über das Gehörte und wie es die Fantasie Ihres Kindes angeregt hat. Wenn Ihr Kind eine Lieblingstraumreise hat, kann es diese später alleine machen. Nach einigen Übungsdurchläufen gemeinsam mit Ihnen wird es auch alleine schnell zur Ruhe kommen.

Entspannungsübungen
Kennen Sie das Autogene Training oder die Progressive Muskelentspannung? Zu beiden Methoden gibt es inzwischen viele Anleitungen auf CD, die kindgerecht formuliert sind und sich hervorragend als Ritual zum Runterkommen und Einschlafen eignen.

Der Klassiker unter den Entspannungsgeschichten sind die „Kapitän Nemo“-Geschichten von Ulrike Petermann, hier gibt es wunderschöne Bilder in einer Unterwasserwelt. Aber auch „Stecki 401“ von Hassan Refay ist eine sehr angenehme Entspannungsgeschichte.

Bild malen oder Tagebuch schreiben
Abends noch ein Bild davon zu malen, wie der Tag war, oder, wenn Ihr Kind älter ist, die Tagesereignisse in seinem abschließbaren Tagebuch aufzuschreiben kann sich zu einem wunderbaren Ritual entwickeln.

TIPP: MASSAGEN ALS ABENDRITUAL ZUM GUTEN EINSCHLAFEN

Massagen gibt es in jeglicher Art. Wenn Sie Ihrer Massage einen tollen Namen geben, hilft auch diese direkt noch viel besser. Wie wäre es z. B. mit der „Gutenacht- und Guteträumemassage“? Seien Sie kreativ!

Beliebt ist auch eine Pizzamassage:

Pizzamassage
Diese Massage können Sie als Eltern Ihrem Kind geben. Das geht natürlich auch umgekehrt, sodass Ihr Kind Sie massiert.

Und so funktioniert sie: Der Rücken ist die „Arbeitsfläche“, auf der der Teig hergestellt, ausgerollt und dann belegt wird. „Zutaten“ (Tomaten, Paprika, Pilze, Salami, Schinken, Käse usw.) werden durch Berührungen auf dem Rücken simuliert. Und danach wird die Pizza unter der Bettdecke bis zum Morgen gebacken!

Haben Sie keine Angst, wenn Sie vielleicht selber mal eine Abwechslung brauchen. Wenn Sie beispielsweise heiser sind und nicht vorlesen können, wie wäre es mit einer kleinen Fußmassage, vielleicht mit einer gut riechenden Creme, als Abwechslung?

Der Klassiker: die Gutenachtgeschichte

Die Gutenachtgeschichte ist wohl der Klassiker unter den Abendritualen. Dabei können Sie unter zahlreichen Varianten wählen: das Bilderbuch mit Suche, der 1000-Seiten-Fortsetzungsroman, die kleinen Gutenachtgeschichten oder die frei erfundenen Geschichten von Papa und Mama. Achten Sie lediglich darauf, dass Sie nicht zu spannende Bücher oder Geschichten auswählen, die das Kind eher schlechter einschlafen lassen. Und versuchen Sie immer, eine möglichst gleich lange Vorlesezeit einzuhalten. Wenn Sie dann noch dazu das Licht dimmen und mit leiser Stimme vorlesen, dann ist das Einschlafen so gut wie sicher.

„Mein liebstes Ritual mit meinen Kindern ist die Gutenachtgeschichte. Als die Großen das allmählich nicht mehr wollten (da war die ‚Bärenbude' auf WDR 5 angesagter), war ich selber gar nicht so glücklich darüber ..."

Am liebsten mögen Kinder selbst erfundene Geschichten. Wenn Sie glauben, dass Sie das nicht gut können: Es ist ganz einfach, es reicht meist ein ganz simpler Handlungsstrang. Starten Sie mit „Es war einmal ...". Oder Sie erzählen Ihrem (kleinen) Kind die Geschichte vom Riesenross.

DIE GESCHICHTE VOM RIESENROSS

„Es war einmal ein Riesenross und das war riesenriesenriesenriesengroß und hatte eine riesenriesenriesenriesenriesengroße Familie.
In der Familie vom Riesenriesenriesenross gab es die riesenriesenriesenriesengroße Mama und den riesenriesenriesenriesengroßen Papa und sieben riesenriesenriesengroße Geschwister: die riesenriesenriesenriesengroße Sara, den riesenriesenriesenriesengroßen Luca, ..."

Sie können sich sicher denken, wie die Geschichte endlos weitergeht. Meist sind die Kleinen aber noch vor Ende der Aufzählung der ganzen Geschwister schon eingeschlafen.

Kinder finden es zudem ganz besonders spannend, wenn sie selber in der Geschichte vorkommen, dies kann in einem Buch sein, in dem Sie einfach den Namen einer Figur aus dem Buch mit dem Ihres Kindes vertauschen, oder indem Sie sich eine Geschichte zu Ihrem Kind ausdenken oder einfach den Tagesablauf Ihres Kindes erzählen oder auch Geschichten von Ihrem Kind erzählen, als es selber kleiner war. Oder Sie erzählen Ihrem Kind etwas aus der Zeit, als Sie selbst noch ein Kind waren.

KURZE, SELBST AUSGEDACHTE EINSCHLAFGESCHICHTE

Kleines Tier (Vogel aus dem Nest oder Hase aus dem Bau) erlebt ohne Eltern ein kleines Abenteuer (von dem Kind real erlebte oder bevorstehende Ereignisse können mit einfließen) und kehrt dann am Ende der Geschichte ein bisschen mutiger, erfahrener in den wärmenden, beschützenden Elternbau/das Nest zurück.

Sie sehen schon, Ihrer Fantasie sind keine Grenzen gesetzt, und es ist gar nicht so schwer, eine schöne Gutenachtgeschichte zu erzählen. Also starten Sie doch einfach direkt heute Abend!

Gutenachtlieder

Es gibt unzählige wunderschöne Gutenachtlieder. Gerade bei den ganz Kleinen ist der Text noch nicht so wichtig. Von daher können Sie ruhig auf die Klassiker zurückgreifen, z. B. „Schlaf, Kindlein, schlaf …“

„Das Gutenachtlied bleibt immer gleich. Beim Jüngsten ist es ‚Die Blümelein, sie schlafen’, bei den anderen war es immer ‚Weißt Du wie viel Sternlein stehen‘, danach konnte ich eine Abwechslung vertragen …“

„Das Lied ‚Schlaf (Name des Kindes), schlaf nur ein, bald kommt die Nacht, hat sich aus Wolken Pantoffeln gemacht …’ von Fredrik Vahle gefällt meinem Kind am besten.“

„Jeden Abend brachte Franks Mutter ihn und seine Schwester ins Bett. Einer von beiden durfte sich ein Schlaflied aussuchen, welches die Mutter dann gesungen hat. Dummerweise kannte Franks Mutter aber nur drei Lieder, was mit der Zeit zu einer gewissen Vorhersagbarkeit bei der Liederwahl führte. Trotzdem schliefen die Kinder immer glücklich ein.“

Gebete und Schlafsprüche

„Meine Eltern waren sehr gläubig. Da das Vaterunser wohl in jungen Jahren noch zu schwierig war, habe ich mit meiner Mutter abends ein kleines Familiengebet gesprochen. Ich weiß den Text heute noch:

‚Meine Augen fallen gleich zu.
Lieber Gott, gib süße Ruh!
Deine Engel halten über mich Wacht,
und gib mir eine gute Nacht!'

Eigentlich habe ich immer gut geschlafen. Ob es am Gebet gelegen hat? Vielleicht … Ich habe keine Kinder, aber hätte ich welche, dann würde ich auf jeden Fall dieses schöne kleine Ritual weitergeben."

Ein sicherlich sehr bekanntes und weit verbreitetes Gebet ist dieses:

ICH BIN KLEIN …

„Ich bin klein,
mein Herz mach' rein
soll niemand drin wohnen
als Jesus allein."

Kennen Sie auch den Spruch einer Mutter vor dem Einschlafen: „Schlaf gesund, kugelrund!" Oder eine englische Variante: „Sleep tight and don't let the bedbugs bite!"

Wussten Sie, dass es auch sogenannte „Gebetswürfel" gibt? Dies ist ein Würfel, auf dem auf jeder Seite ein Gebet geschrieben steht. Ihr Kind kann ihn dann würfeln, und Sie sprechen gemeinsam das gewürfelte Gebet. So kommt Abwechslung in die abendlichen Gebete.

Es gibt sicher unzählige Variationen von Bettsprüchen oder Gebeten, schauen Sie einfach, welcher für Sie und Ihr Kind am besten passt.

Gute Nacht und träume süß

„Gute Nacht, John Boy!", „Gute Nacht, Elizabeth!", „Gute Nacht, Jim Bob!", „Gute Nacht, Ma", „Gute Nacht Kinder!" – so verabschiedeten sich die „Waltons", die berühmte Familie einer amerikanischen Serie, am Abend voneinander.

Sicher haben auch Sie Ihr festes Ritual, wenn die Zeit zum Schlafen gekommen ist. Wenn alle vorgenannten Rituale am Abend durchlaufen sind, Ihr Kind zur Ruhe gekommen und entspannt ist, verabschieden Sie sich mit einem letzten Gutenachtkuss, umhüllen das Kind noch mal mit dem Oberbett, legen den Schlafteddy ins Bett oder in den Arm, schalten das Leselicht aus und wünschen eine gute Nacht mit schönen Träumen. Ihr Kind wird sich geborgen fühlen und weiß, dass Sie in der Nähe sind, wenn etwas ist. Schalten Sie das Nachtlicht ein. Wenn Sie verabredet haben, dass Sie später noch mal ins Zimmer schauen, vergessen Sie dies nicht. Anfangs wird Ihr Kind aufpassen, ob Sie wirklich noch mal ins Zimmer kommen und nachsehen, ob alles in Ordnung ist.

Blöde Träume oder Albträume – wie können schlechte Träume überlistet werden?

Jeder von uns Erwachsenen weiß, dass die Nacht zur Erholung und Ruhe dient. Unsere Kinder haben allerdings in der Nacht manchmal Albträume, Ängste und/oder Sorgen. Sie wollen nicht allein sein.

Ihr Kind muss von Ihnen das Gefühl bekommen, dass Sie es beschützen und es sicher ist, selbst wenn es in einem anderen Raum schläft.

Die Entwicklung Ihres Kindes steuert auch die Art der Träume. Im Alter von ungefähr eineinhalb Jahren beginnen Kinder, in Bildern oder Szenen zu träumen. Ihr Kind kann diese Träume aber noch nicht deuten oder wissen, dass es nur Träume sind und nicht die Realität. Es weiß nicht, dass die Personen und Tiere, von denen es träumt, nur im Traum existieren und danach wieder weg sind.

Ab ca. dem sechsten Lebensjahr kann Ihr Kind verstehen, dass sein Traum unrealistisch ist und in Wahrheit nicht besteht. Allerdings nehmen in diesem Alter die Albträume zu. Diese können verschiedene Gründe haben, wie z. B. Krankheit, Neues, Erlebnisse mit Freunden, Familie oder Stress in der Schule. Auch kann der Auslöser ein für Sie nicht nachvollziehender Grund sein. Fragen Sie Ihr Kind, was es geträumt hat. Wenn es darüber spricht, befreit es sich von seinen Träumen und versteht schneller, dass das Geträumte nichts Realistisches ist und dass die Träume sich in Luft auflösen, wenn es wieder wach ist.

Durch diese Traumgespräche erfahren Sie mehr über Ihr Kind, welch negativen Dinge es belasten oder wie positive Dinge es prägen. Sprechen Sie mit ihm über das Geträumte. Hier ist es ganz wichtig, dass Ihr Kind keine Angst oder Scham entwickelt, mit Ihnen darüber zu sprechen, und sich nicht mit seinen Träumen allein gelassen fühlt.

Egal wie alt Ihr Kind ist: Hat es Albträume und ruft nach Ihnen oder kommt zu Ihnen an das Bett, so nehmen Sie es beschützend in den Arm, sprechen Sie ganz ruhig mit ihm und sagen Sie ihm, dass alles in Ordnung ist – es nur ein Traum war (und nicht die Realität). Bringen Sie es erst wieder zurück ins Bett, wenn es sich richtig beruhigt hat. Wünschen Sie ihm wieder eine gute Nacht, streicheln und küssen Sie es, je nachdem, was für ein Gutenachtritual Sie haben. Geben Sie ihm das Gefühl, dass Sie in der Nähe sind und auf es aufpassen.

Als Schutz vor schlechten Träumen können Sie ebenfalls Rituale verwenden.

TIPP: RITUALE ALS TRAUMBEGLEITER

Die Zauberbettdecke

Schütteln Sie vor dem Einschlafen die Bettdecke Ihres Kindes über seinem Bett aus. Dies kann wirken wie eine Art „Zauberstaub“, der es besser schlafen lässt und gute Träume herbeizaubert. Mit der entsprechenden Magie in Ihrer Stimme wirkt dieses Ritual oft wahre Wunder.

Böse Träume raus- und schöne Träume reinzaubern
Jeden Abend nach dem Vorlesen ziehe ich mit meinen Händen die bösen Träume aus dem Kopf meiner Tochter, dazu murmele ich dann noch ein paar unverständliche Zauberwörter. Und dann zaubere ich gute Träume in ihren Kopf. Dazu streiche ich ihr immer wieder über den Kopf und flüstere alles, was sie toll findet (Pferde, Elfen, Katzen, Mut haben etc. ...).

Schlechte Träume aufmalen
Bei Albträumen können Sie diese auch am nächsten Tag auf ein Blatt Papier malen, welches Sie dann zerreißen und gemeinsam in den Müll werfen oder zusammen anzünden und verbrennen.

Tresor
Sperren Sie schlechte Träume einfach in einen großen Tresor ein. Diesen können Sie vielleicht auch zusammen mit Ihrem Kind basteln.

Regisseur
Wenn Ihr Kind einen schlechten Traum oder eine Albtraum hat: Stellen Sie sich gemeinsam vor, wie der Traum positiv verlaufen oder wer bzw. was helfen könnte, z. B. ein besonders starker Held oder ein Tier, das gegen den Feind im Traum kämpft. Durch dieses Ritual kann Ihr Kind mit der Zeit lernen, den Traum zu beeinflussen.

Traumfänger
Gemeinsam kann man einen Traumfänger basteln. Es ist wichtig, dass man diesen selber macht, damit er auch wirkt. Zu den Traumfängern gibt es eine Geschichte, die man vorher den Kindern erzählen kann. Beim Basteln ist dann die Kreativität gefragt, wichtig ist nur, dass in der Mitte ein Netz gespannt ist, in dem sich die schlechten Träume verfangen, und dass nach unten Fäden mit Federn herabhängen, an denen die „schönen Träume" zu einem herabkommen können.

Gegen die Angst, alleine zu schlafen

Viele Kinder schlafen am liebsten bei Mama und Papa mit im Bett. Die Nähe und der Geruch der Eltern beruhigt sie, und sie fühlen sich sicher und geborgen.

Es ist bestimmt auch nichts Verwerfliches daran, das eigene Kind ab und an mit im elterlichen Bett schlafen zu lassen, aber als Dauerzustand bestimmt keine gute Lösung. Vielleicht wissen Sie ja genau, warum Ihr Kind am liebsten bei Ihnen schläft. Fragen Sie es ruhig mal, sicherlich kann es Ihnen erklären, was so toll daran ist.

„Meine Tochter findet es einfach toll, mich zu riechen, denn dann fühlt sie sich sicher und geborgen. Unsere Lösung war schnell gefunden, Sie bekommt abends immer ein getragenes T-Shirt von mir mit ins Bett gelegt, oft zieht sie es dann über ihren eigenen Pyjama. Aber was sicher ist: Sie schläft seitdem ohne Schwierigkeiten alleine in ihrem Zimmer."

Manchen Kindern ist es auch einfach viel zu ruhig in ihrem eigenen Zimmer, und sie genießen es, den Schlafgeräuschen der Eltern zuzuhören. Lassen Sie dann abends die Kinderzimmertür offen, während Sie noch auf sind und Geräusche in der Wohnung machen. Dadurch merkt Ihr Kind, dass Sie in der Nähe sind und jederzeit kommen würden.

Wann Ihr Kind Angst vor Gespenstern hat: Gehen Sie vor dem Schlafengehen gemeinsam auf „Geisterjagd" im eigenen Zimmer, schauen Sie zusammen in jede Ecke, in den Kleiderschrank und in jede Schublade. Überzeugen Sie sich ganz genau davon, dass nicht irgendwo noch ein verstecktes Gespenst sitzt, was Ihr Kind in der Nacht heimsuchen könnte. Diese gemeinsame „Geisterjagd" macht Ihrem Kind bestimmt eine Menge Spaß, und es kann sich dabei selber davon überzeugen, dass im eigenen Zimmer nichts Gruseliges ist.

Finden Sie selber für sich und Ihr Kind die passende und individuelle Lösung, denn jedes Kind hat eigene Bedürfnisse. Sie als Eltern müssen gut zuhören und hinschauen, dann werden Sie ganz schnell herausfinden, wie Sie Ihr Kind dabei unterstützen können, gut alleine in seinem Zimmer zu schlafen.

Führen Sie ein Beschützerstofftier und eine Beschützergeschichte ein. Das Stofftier kann gerne sehr groß sein, z. B. eine flauschige Robbe, die das Kind bei Gefahr oder schlechten Träumen auf dem

Rücken davonträgt, oder ein großes Krokodil, welches die Ungeheuer oder Bösen in die Flucht schlägt, während das Kind schläft.

Ein schönes Kinderbuch zu diesem Thema ist übrigens: „Jetzt wird aber geschlafen“ von Bärbel Spathelf und Susanne Szesny. Hier hilft die Schlummermaus beim Einschlafen und gegen böse Träume.

Das Wochenende – der Gegensatz zum Alltag

Endlich Samstag, endlich Wochenende. Heute muss niemand in den Kindergarten oder in die Schule, und Sie müssen auch nicht zur Arbeit. Heute am Samstag und morgen am Sonntag ist alles etwas anders.

In der Woche – im normalen Alltag – ist die Familie selten komplett, da die Eltern (oder auch nur ein Elternteil) arbeiten sind und die Kinder im Kindergarten oder Schule. Am Nachmittag ist die Zeit dann mit Hausaufgaben, Sport, Verabredungen, Musikschule oder, oder, oder verplant.

Heute könnten z. B. alle mal länger schlafen. Ist das jedes Wochenende der Fall? Dann geht es schon los mit Ihrer Wochenendroutine. Sie haben Zeit, ausgiebig zu frühstücken und besondere Pläne umzusetzen.

„Es war kein ganz regelmäßiges Ritual, da mein Vater nur wenig Zeit hatte. Aber in einem Haushalt mit drei Schwestern war es immer etwas ganz Besonderes, wenn ich mit meinem Vater alleine einen Herrenausflug gemacht habe. Meistens haben wir dann das Schlauchboot aufgepumpt, ein paar Sachen zu Essen eingepackt und sind einfach den Fluss in unserer Nähe runtergepaddelt. Ein paar Kilometer weiter gab es eine Gartenwirtschaft, in der wir auch mal Pause gemacht haben. Während der Fahrt haben wir immer ‚Männergespräche‘ ohne die Frauen geführt. Bei diesen Fahrten war eine ganz besondere, tolle Stimmung. Ich glaube, diese paar Stunden haben sicherlich einen grundlegenden Einfluss auf das gute Verhältnis zu meinem Vater gehabt.“

Am Wochenende hat die Familie meist keine Verpflichtungen, Erholung ist angesagt. Die Familie kann z. B. gemeinsam etwas Schönes unternehmen, wozu in der Woche keine Zeit ist. Aber auch diese Aktivitäten sollten auf jeden Fall stressfrei sein. Jeder möchte am Wochenende auf seine Kosten kommen. Dazu gehört Zeit mit der Familie, aber auch Zeit für sich allein. Sprechen Sie im Familienrat ab, wer was wann allein machen möchte und was Sie als Familie gemeinsam machen.

„Am Wochenende waren wir oft im Grünen. Dort wurden Holzstöcke geschnitzt, es wurde Feuer gemacht, Würstchen wurden auf die Stöcke gesteckt und gegrillt – und wir durften Kartoffeln in der Glut garen."

Wichtig ist, dass Sie mit Ihrer Familie einen großen Teil zusammen verbringen und nicht wie meist in der Woche nebeneinanderher leben.

Was können Wochenendrituale sein?

Gemeinsame Familienzeiten und -rituale sind ganz wichtig, da sich eine Familie sonst schnell auseinanderleben kann. Das kann schon das ausgiebige Plaudern über Erlebtes, Positives wie Negatives sein. Ebenfalls ist es möglich, bei diesen Zusammenkünften gemeinsam zu beratschlagen, welche Unternehmungen durchgeführt werden können, wenn es dazu keiner langfristigen Planung bedarf.

Am Wochenende darf es also auch mal etwas Besonderes sein. Bei uns wird am Wochenende immer reihum das Lieblingsgericht eines Familienmitglieds gekocht, und es gibt meist noch einen Nachtisch, was es in der Woche sonst nicht gibt. Auch beim Frühstücken unterscheidet sich unser Wochenende von der Woche, denn dann wird immer sehr ausgiebig mit frischen Brötchen, gekochten Eiern, Obstsalat und Schokocreme (die gibt es bei uns nicht in der Woche) gefrühstückt. An den Wochenenden werden auch eine Menge Gesellschaftsspiele gespielt oder schöne Ausflüge unternommen.

„Schön ist es, wenn alle zusammen im elterlichen Bett kuscheln oder ‚Die Sendung mit der Maus' gucken oder ähnlich schöne Kleinigkeiten machen."

„Alle schlafen am Sonntag länger als üblich, und unsere Kinder dürfen an diesem Tag regelmäßig zum Kuscheln zu uns ins Bett."

„Am Wochenende ist endlich einmal Zeit, gemeinsam die Zeitung zu lesen – den Kinderteil ..."

„Ein gemeinsamer Fernsehabend mit Naschereien – aufgrund der Berufstätigkeit meiner Eltern konnte nur der Sonntag als Familientag mit Unternehmungen genutzt werden. Sonntagabends wurde immer gebadet."

Was letztendlich genau gemacht wird, entscheidet der „Familienrat" gemeinsam, denn oft ist der Wunsch bei den Kindern nach einer anstrengenden und stressigen Woche mit Kindergarten, Schule und verschiedenen Freizeitaktivitäten, einfach mal den ganzen Tag nur zu Hause zu verbringen, ohne etwas Bestimmtes vorzuhaben.

WEITERE GEMEINSAME RITUALE

- Kissenschlacht im Elternschlafzimmer
- Frühstück im Schlafanzug
- Extraminuten vor dem Fernseher
- gemeinsames Mittagessen
- Jedes Wochenende darf sich jemand anderes etwas wünschen: Ausflug, Sport, Spaziergang
- Besuch von Familie oder Freunden
- Kuchen backen
- Spiele

usw. – Ihren Ideen sind bekanntlich keine Grenzen gesetzt.

Wenn wichtige Unternehmungen anstehen, wie z. B. die Tante an ihrem Geburtstag zu besuchen, bemühen wir uns als Eltern, das „Programm" auf einen Wochenendtag zu beschränken, um uns am anderen Tag den „schönen Dingen", die gemeinsam beschlossen werden, widmen zu können.

Andere Rituale sind beispielsweise der regelmäßige, z. B. 14-tägige Besuch bei den Großeltern. Oder wenn sich die Familienmitglieder abwechselnd eine gemeinsame Aktivität oder ein Ausflugsziel ausdenken. Ein anderes Mal wird im Familienrat besprochen, wohin der nächste Urlaub geht. Wichtig ist, dass jedes Familienmitglied involviert ist und zu seinem Recht kommt.

TAGESPLÄNE FÜR DIE FAMILIE

Jeder bekommt darin eine Spalte, und Sie überlegen gemeinsam, was jeder gerne machen will. Teilweise werden Dinge in der Gruppe geplant, z. B. Ausflüge, gemeinsames Essen oder gemeinsames Spiel, aber es werden auch Zeiten eingeplant, in denen jeder etwas für sich macht: Die Eltern dürfen Zeitung lesen, und das Kind malt in der Zeit. Vereinbaren Sie dafür feste Zeiten!

Alle sich regelmäßig wiederholenden Routinen sind Ihre individuellen, nicht wegzudenkenden Familienrituale.

Bei getrennt lebenden Eltern sieht ein Wochenende anders aus, aber auch da gibt es Rituale. Meist sind die Kinder 14-tägig bei dem Elternteil, das von ihnen getrennt lebt. Sie freuen sich dann ganz besonders auf das Wochenende und möchten die wenige Zeit genießen und etwas Außergewöhnliches machen.

„Freitags fährt die ganze Familie in die Bücherei und sucht gemeinsam einen Film aus, den dann alle zusammen am Abend gucken. Dazu gibt es selbst gemachtes Popcorn ..."

Popcorn selber machen – im Topf auf dem Herd

Sie brauchen:
50 g Popcornmais
4 Esslöffel Sonnenblumenöl
3 Esslöffel Zucker oder Salz und z. B. Parmesankäse nach Geschmack

Das Öl in einen hohen Topf geben und erhitzen. Wichtig ist, dass es sehr heiß ist. Geben Sie dann in das heiße Öl den Popcornmais und bestreuen Sie diesen mit Zucker oder Salz. Gut umrühren und den Topf mit dem Deckel verschließen, jetzt den Herd ausschalten bzw. auf die kleinste Stufe runterschalten. Wenn die Maiskörner beginnen aufzupoppen, den Topf immer mal wieder kräftig durchschütteln. Lässt das Poppen im Topf nach, ist das Popcorn fertig, und Sie können es zum Abkühlen und Ausdampfen in eine Schüssel umfüllen.

Zeit mit dem Partner

Bei aller Liebe zu den Kindern darf die Partnerschaft nicht zu kurz kommen. Versuchen auch Sie als Paar, eigene kleine Rituale in den Tages-, Wochen- oder auch Monatsablauf zu integrieren. Organisieren Sie z. B. mindestens alle vier Wochen einen Babysitter für den Samstagabend, um mit Ihrem Partner allein gemeinsame Zeit zu verbringen. Sie werden sehen, dass auch das ein ganz wichtiges Ritual ist, um die Beziehung zu stärken. Und wenn Sie eigene schöne und positive Rituale für Ihre Partnerschaft haben, dann werden Sie feststellen, dass sich das auch wieder positiv auf Sie und die Beziehung zu Ihrem Kind auswirkt.

PIEP, PIEP, PIEP, GUTEN APPETIT!

Die Mahlzeiten eines Tages sind die beste Möglichkeit für eine Familie für ein gemeinsames Ritual, und zwar wenn wirklich alle gemeinsam am Essen teilnehmen. Wichtig ist, dass Sie feste Familienzeiten hierfür finden, die Sie so oft wie möglich – am besten täglich – einhalten.

Planen Sie dazu ausreichend Zeit ein, so können Sie das Essen mit der Möglichkeit verbinden, über bestimmte Dinge, Planungen und Anliegen, seien es Erlebnisse oder Planungen des Tages, zu sprechen. Oder auch über Sorgen und Ängste. Achten Sie jedoch darauf, die Essenszeiten nicht nur zum Ort für schwierige Gespräche zu machen wie z. B. die Schulnoten oder ähnlich unangenehme Themen. Damit das gemeinsame Essen ein schönes Ritual bleibt, können Sie ja die Familienregel aufstellen: „Am Tisch nur schöne Themen!"

Rituale bei Tisch

Wahrscheinlich hat jeder in Ihrer Familie seinen festen Platz am Tisch und sein Lieblingsgeschirr. Schaffen Sie eine fröhliche und entspannte Tischatmosphäre. Decken Sie mit Ihrem Kind gemeinsam den Tisch oder lassen Sie das – je nach Alter – Ihr Kind machen. Seien Sie ihm von Anfang an ein Vorbild in Sachen guter Tischmanieren. Hier helfen bekanntlich Rituale, die ein vorbildliches Verhalten verselbstständigen. Ihr Kind benötigt natürlich noch Vorgaben und Regeln. Mehr zum Thema Umgangsformen und Tischrituale finden Sie im Kapitel „Tischregeln und Tischmanieren".

Damit Kinder Freude am Essen haben und auch schneller in die Wochenstruktur reinkommen, kann es Spaß machen und sinnvoll sein, manche Tage mit bestimmten Gerichten zu verbinden.

Hier einige Essenstage unserer Mitautoren:

„**Montag** ist immer Nudeltag, und Bela muss stets die Soße machen."

„**Dienstags** gab es immer Pfannkuchen und je nach Jahreszeit auch frisches Obst dazu. Am leckersten waren immer die Apfelpfannkuchen."

„**Freitags** haben wir immer Kartoffeln mit Spinat und Fischstäbchen gegessen. Ich fand das toll und mache es heute manchmal auch noch!"

„Der **Sonntag** war immer der beste Tag – da gab es Eis zum Nachtisch! Darum habe ich mich schon am Samstag drauf gefreut. Und wer den Tisch abräumen wollte, der bekam eine Extraportion. Die habe ich ganz oft bekommen!"

Die Ergebnisse einer Studie der renommierten Cornell University zeigen, dass die Bedeutung der Regelmäßigkeit und der rituelle Ablauf der Familienmahlzeit(en) nicht zu unterschätzen sind. So wirken sich diese sogar auf die Gesundheit und das Gewicht aus. Kinder und Erwachsene, die sich mindestens einmal am Tag die Zeit nahmen, gemeinsam in den eigenen Räumen eine Mahlzeit einzunehmen, litten zu fast einem Drittel seltener an Übergewicht. Die Studie führte den Effekt weniger auf die Qualität der Mahlzeiten zurück, sondern eher auf die psychologischen Wirkungen der Sicherheit und Ruhe der „Familienkonferenz" mit ihren vertrauten Ritualen beim Essen. Die Forscher gingen sogar so weit, dass sie Familienmahlzeiten und ihre Rituale als einen weit unterschätzten Bereich im Kampf gegen die Seuche Übergewicht und Fettleibigkeit bezeichneten.

Solche und ähnliche Regeln rund um das Essen kennen Sie sicher. Viele Eltern wünschen sich, dass ihr Kind sich gut am Tisch benimmt. Aber wie kommen Sie am besten gemeinsam zu diesem Ziel?

TIPP: KLEINER FAMILIENKNIGGE BEI TISCH

- „Vor dem Essen werden die Hände mit Seife gewaschen.
- Es gibt Familienstammsitzplätze – runter von meinem Platz!
- Mit vollem Mund wird nicht gesprochen.
- Jeder hat beim Auf- und Abdecken des Tisches eine feste Aufgabe.
- Vor dem Essen wird ein Tischgebet/-spruch gesprochen."

Eine der wichtigsten Voraussetzungen ist, dass Sie selbst ein gutes Vorbild sind, denn Ihr Kind möchte ja bekanntlich immer gerne so sein wie sein großes Vorbild die Mama oder der Papa.

TIPP: SO KLAPPT DAS ESSEN OHNE PROBLEME

Achten Sie darauf, wie Sie Ihrem Kind eine Mahlzeit servieren. Um Schweinereien zu vermeiden, wenn Sie Ihrem Kind die Spaghetti Bolognese servieren: Die Nudeln lassen sich z. B. ziemlich unproblematisch mit dem Löffel essen, wenn man sie klein schneidet. Oder hatten Sie schon mit vier Jahren den Trick raus, wie man Spaghetti perfekt mit Löffel und Gabel isst? Suppen hingegen können besser verzehrt werden, wenn sie eine etwas festere Konsistenz haben. Wenn Ihnen eine Suppe mal etwas dünn geworden ist, streuen Sie ein wenig Kartoffelpüreepulver hinein, und schon dickt sie an.

Halten Sie grundsätzlich immer die gleichen Essenszeiten ein, ohne große Zeitverschiebungen. Dadurch gewöhnt sich Ihr Kind schon frühzeitig an eine regelmäßige Nahrungsaufnahme. Achten Sie auch darauf, dass es nicht zu viel zwischendurch vor sich hinknabbert, vor allem nicht unmittelbar vor den Mahlzeiten. Wenn Ihr Kind jedoch wirklich Hunger hat, sollte es natürlich eine Kleinigkeit zwischendurch essen dürfen, dies sollten nach Möglichkeit gesunde Snacks wie Obst oder Gemüse oder Vollkorncracker sein.

TIPP: DER FERKELTAG

Wenn Sie der Meinung sind, dass die Tischmanieren Ihres Kindes trotz Ihrer guten Vorbildfunktion deutlich besser sein könnten, dann könnte folgende Idee funktionieren: Vereinbaren Sie einmal im Monat den „Ferkeltag“. An diesem Tag darf jeder einmal so essen, wie er will oder wie er es ausprobieren möchte. Also mit den Händen, es darf mit vollem Mund geredet werden, und wer mag, darf schmatzen. Das kann auch als „Rittertag“ organisiert werden, an dem nur mit den Händen gegessen werden darf und man sich dementsprechend als Herr Ritter anredet!

Dafür muss den Rest des Monats anständig gegessen werden. Oft ist der „Ferkeltag“ oder „Rittertag“ über kurz oder lang überflüssig, denn was man darf, verliert bekanntlich schnell seinen Reiz.

Tischsprüche und Tischgebete

„Zu allen Mahlzeiten, die wir als Familie gemeinsam oder auch mit Besuch zusammen einnehmen, sagen wir vorher einen Spruch auf, bei dem wir uns meist an den Händen fassen.“

Spätestens im Kindergarten wird Ihr Kind solche Rituale kennenlernen, vielleicht möchte es, dass genau dieser Spruch auch bei Ihnen zu Hause gesagt wird. Das dürfen gerne lustige Sprüche sein.

In gläubigen Familien wird oft vor dem Essen ein kleines Tischgebet gesprochen. Das gehört vielleicht zu den eher abnehmenden Ritualen, aber es ist eines der schönsten Rituale rund um den Tisch.

Vielleicht kennen Sie auch das Ritual des Tischspruchs. Sie können Ihren eigenen „Familienspruch“ entwickeln. Oder Ihr Kind bringt aus dem Kindergarten ein Tischgebet oder einen Tischspruch mit. Dann ist es sehr schön, wenn Sie diesen zu Hause einführen und so einen Moment innehalten und erst dann mit dem Essen beginnen.

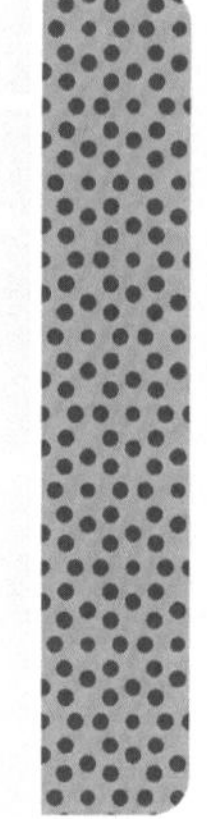

SPRÜCHE ZUM ESSEN

„Piep, piep, piep, wir haben uns alle lieb.
Piep, piep, piep, wir wünschen einen guten Appetit."

„Piep, piep, Mäuschen, komm aus deinem Häuschen.
Piep, piep, piep, recht guten Appetit!"

„Rolle, rolle, rolle, mein Teller ist so volle. Mein Bauch ist so leer und brummt wie ein Bär. Piep, piep, piep, guten Appetit!"

„Viele kleine Fische schwimmen jetzt zu Tische, reichen sich die Flossen, dann wird kurz beschlossen, jetzt nicht mehr zu blubbern, sondern nun zu futtern. Guten Appetit!"

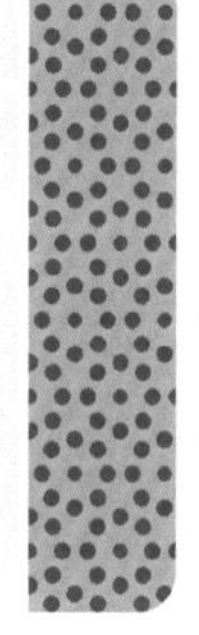

TISCHGEBETE

„Für den Honig und das Brot, für die Freunde in der Not,
für das leckere Kompott, danken wir dir, lieber Gott. Amen."

„Lieber Gott, der Tisch ist gedeckt, danke für alles, was uns jetzt schmeckt."

„Jedes Tierlein hat sein Essen, jedes Blümlein trinkt von dir.
Hast auch du uns nicht vergessen, guter Gott wir danken dir."

Egal ob Tischspruch oder Tischgebet, aber eine Einleitung zum Essen ist sicher ein schönes Ritual.

Hier noch ein Beispiel für einen besonderen Tischspruch:

„Eine Freundin von mir hatte eine sehr kleine Küche, und man konnte die Tür nicht öffnen, wenn alle am Tisch saßen. Wenn das Essen fertig war und sich alle in der Küche eingefunden hatten, setzten sich alle hin. Zum Zeichen, dass jetzt niemand mehr aufstehen sollte, weil es sonst zu eng war, und nun mit dem Essen begonnen werden sollte, rief immer einer: ‚Stopp, Galopp – nichts geht mehr!'. Ab diesem Zeitpunkt mussten alle am Tisch sitzen bleiben!"

Gesundes Essen

In den Familien ist es meist die Aufgabe der Mutter, ein leckeres und vor allem gesundes Essen zuzubereiten.

Viele Kinder, die es nicht von Anfang an gewohnt sind, ausgewogenes, gesundes Essen regelmäßig zu bekommen, neigen dazu, eher Nudeln, Pommes, jeweils mit Ketchup und Würstchen, einzufordern. Gemüse oder Salat steht dann gar nicht oder selten auf dem Programm.

So geht es natürlich nicht! Ihr Kind braucht – nicht nur im Wachstum – eine ausgewogene Ernährung.

TIPP: RITUALE UND TRICKS, DIE HELFEN, GESUNDES ESSEN AUF DEN TISCH ZU BRINGEN

- Ihr Kind möchte doch am liebsten das tun, was Sie auch machen. Binden Sie es daher auch bei der Zubereitung des Essens ein.
- Überlegen Sie gemeinsam, was gekocht wird. Schlagen Sie etwas vor – möglichst zwei verschiedene Dinge, aus denen es wählen kann, dann ist die Entscheidung einfacher. Oder geben Sie z. B. ein bestimmtes Gemüse vor, das möglichst ein Saisongemüse sein sollte, und fragen Sie Ihr Kind, wie Sie es schneiden oder zubereiten sollen.
- Haben Sie mehrere Kinder, dürfen diese sich abwechselnd etwas wünschen.
- Am Wochenende dürfen die älteren Kinder auch mitschnippeln.
- Viele Kinder mögen sehr gerne rohes Gemüse, das Sie ansprechend schneiden und z. B. als Tier, Haus etc. auf dem Teller dekorieren können. Dann mögen es die Kleinen noch lieber. Gibt es dazu noch einen leckeren Dip (z. B. aus Kräuterquark), kann niemand mehr widerstehen.

Besuchen Sie doch einmal einen altersgerechten Kochkurs mit Ihrem Kind. Es sieht, wie viel Spaß es macht, etwas Leckeres selbst und mit Hilfe zuzubereiten. In der Regel bieten die örtlichen Volkshochschulen oder Familienbildungsstätten einen solchen Kurs an.

Frühstück

Das Frühstück ist die wichtigste Grundlage für den Tag, und mit etwas Übung bekommt es jeder hin, ein wenig am Morgen zu essen. Beachten Sie hierbei, dass Sie immer als Vorbild für Ihr Kind fungieren.

Wir haben Ihnen einige schöne Frühstücksrituale aufgeführt. Schauen Sie, was Ihnen gefällt und was Sie übernehmen möchten, oder ändern Sie für Ihre Situation passend ab.

BEISPIELE FÜR FRÜHSTÜCKSRITUALE

„Das Frühstück ist bei uns zu Hause die wichtigste Mahlzeit, denn sie sorgt dafür, dass jeder von uns ausreichend Energie für einen guten Start in den Tag bekommt. Deshalb nehmen wir uns für das gemeinsame Frühstück auch immer ausreichend Zeit. Es gibt Vollkornbrot, Müsli, Joghurt und frisches, schon aufgeschnittenes Obst, an dem sich jeder nach Herzenslust bedienen kann."

„Am Sonntagsfrühstückstisch wird auch immer die Tageszeitung gelesen, meine Tochter darf hier die einzelnen Teile der Zeitung verteilen und somit bestimmen, wer zuerst was lesen kann."

„Ohne Eile und Hetzerei wird gefrühstückt. Während die Kinder noch in Ruhe essen, schmiere ich schon die Schulbrote. Dabei darf jeder selber bestimmen, was auf das Schulbrot soll und welches Obst oder Gemüse mit zur Schule genommen wird."

„Als meine Tochter eine Zeit lang sehr schlecht gegessen hat und die Brote immer wieder mit aus der Schule zurückgekommen sind, habe ich mal für ein paar Tage die Brote in schöne Formen geschnitten oder mit Ausstechförmchen für Kekse ausgestochen. Mal gab es ein Auto oder ein Segelboot. Das macht wenig Arbeit, aber die Kinder haben viel Freude beim Essen, und die Mitschüler bekommen bestimmt große Augen, wenn sie das sehen. Und wie gehofft, wurde kein einziges Brot wieder mit nach Hause gebracht."

Mittagessen

Zum Mittagessen hat jeder seine festen Aufgaben. Die Kinder z. B. stellen die Getränke auf den Tisch und räumen diese nach dem Essen auch wieder weg.

Falls Ihr Kind im Kindergarten oder der Schule mittagisst, können Sie später auch eine „Vesperpause“ einlegen und beispielsweise etwas zusammen trinken und Obst essen.

Am Mittags- oder Vespertisch werden dabei die neuesten Ereignisse ausgetauscht und die weitere Tagesplanung besprochen.

Kaffeepause oder der „Five o’Clock Tea“

„Gerade in der kalten Jahreszeit hat es sich bei uns so eingebürgert, dass wir am Nachmittag eine kleine Kaffee- und Kakaopause einlegen. Das ist sehr gemütlich, wenn man von draußen kommt und durchgefroren ist. Wir wärmen uns mit warmen Getränken und Keksen oder einem Stück Kuchen auf. Oder die kleine Tee- oder Kaffeepause wird fest zum Abschluss der Schularbeiten eingeplant. Dabei holen wir gerne Karten oder ein Brettspiel raus und spielen zusammen.“

Probieren Sie es doch auch einfach einmal mit einer kleinen Kaffee- oder Teepause. Dabei können Sie herrlich entspannen und über den bisherigen Tagesverlauf plaudern oder einen festen Schluss- und damit Belohnungspunkt für die Hausaufgabenzeit setzen. Wenn Ihr Kind älter ist, übernimmt es diese Pause vielleicht auch gemeinsam mit einem Freund oder einer Freundin.

Abendessen

Selbst wenn vielleicht jeder etwas anderes isst: Achten Sie darauf, dass Sie gemeinsam essen, denn die gemeinsame Mahlzeit stellt die wichtigste Austauschquelle des Tages untereinander dar. Vielleicht ist Papa ja mittags noch bei der Arbeit, aber am Abend essen alle zusammen und sprechen über die am Tag erlebten Dinge.

> „Bei allen anderen Mahlzeiten des Tages entscheide ich als Mutter, was auf den Tisch kommt. Aber abends darf jeder selber für sich bestimmen, was er essen möchte. Der eine möchte vielleicht ein Butterbrot mit Spiegelei, der andere gerne noch einen Rest vom Mittagessen und der dritte begnügt sich abends mit etwas Rohkost."

Möglicherweise gibt es auch im Anschluss an das Abendessen noch das ein oder andere Ritual?

> „Nach dem gemeinsamen Essen wird abends bei uns immer noch ein Gesellschaftsspiel gespielt. Hierbei entscheidet jeden Tag ein anderer, welches Spiel gespielt werden soll."

Besondere Mahlzeiten und Festessen

Auch der Sonntag mit seinem Langschläferfrühstück ist eine besondere Mahlzeit. Machen Sie gemeinsam ein schönes Frühstück daraus, indem Sie den Tisch besonders schön decken, frische Brötchen beim Bäcker holen oder gemeinsam die Brötchen (auf)backen, vielleicht auch einen besonderer Brotaufstrich aus dem Schrank holen, den es unter der Woche nicht gibt. Der Sonntag ist auch prädestiniert für Frühstückseier, Spiegeleier oder Rührei. Genießen Sie Ihr Sonntagsfrühstück mit allen Sinnen!

Sie können beispielsweise auch einen Tag unter der Woche als „Spezialtag" einführen, wie z. B. den „süßen Freitag":

„Das Ritual des süßen Freitags findet seinen Ursprung in der Familie meines Vaters. Dieser kam mit seinen zwei Schwestern in den Genuss, dass seine Mutter einmal in der Woche als warme Hauptspeise für die gesamte Familie eine Süßspeise zubereitete. Auch wenn der ‚süße Freitag' damals eher an anderen Wochentagen zelebriert wurde, war er doch ein fester kulinarischer Bestandteil in der Familie meines Vaters. Er brachte dieses Ritual mit in seine Ehe. Meine Mutter lernte damals viele neue süße Rezepte kennen, die sie an meinen Bruder und mich weitergegeben hat. In meiner Familie wurde der ‚Tag der süßen Hauptspeise' dann fest an den Freitag gebunden. So rasten mein Bruder und ich jeden Freitag nach der Schule nach Hause. Gemeinsam warteten wir auf unseren Vater, und dann gab es die über die gesamte Woche bereits heiß ersehnte Süßspeise. Es gab unter anderem Pfannkuchen, Crêpes, Buchteln, Kirschenmichel, Kaiserschmarrn, Milchreis ... und vieles mehr. Die Stimmung am Mittagstisch am Freitag habe ich als sehr positiv in Erinnerung. Die gesamte Familie freute sich auf das Wochenende, es wurde ausgiebig geschlemmt und ganz nebenbei die Wochenendplanung besprochen. Da ich dieses Ritual für mich persönlich als sehr wertvoll empfinde, habe ich es mir bis heute bewahrt. Davon profitiert nicht nur meine Seele, sondern auch meine Freundin, die es durchaus genießt, freitags mit einer Süßspeise bekocht zu werden. Ich hoffe, dass diese süße Versuchung groß genug ist, dieses Ritual auch an kommende Generationen weiterzugeben."

Andere besondere Anlässe, die nicht wöchentlich wiederkehren, bedürfen natürlich auch entsprechender besonderer Rituale.

„Zu besonderen Anlässen gibt es natürlich auch immer etwas Besonderes zu Essen. An Heiligabend machen wir seit meiner Kindheit Raclette, am ersten oder zweiten Weihnachtstag gibt es dann eine Gans. Am Ostermontag wird immer ausgiebig gebruncht. Am letzten Schultag geht es in die Pizzeria, und am Geburtstag wird das jeweilige Lieblingsessen des Geburtstagskindes gekocht."

Das Gute an solchen Ritualen ist, dass jeder in der Familie diese Traditionen kennt und ganz genau weiß, was ihn erwartet.

Auch wenn nicht immer viel Zeit oder Geld zur Verfügung steht, ist es doch möglich, aus jedem Anlass eine kleine besondere Mahlzeit zu machen. Merken Sie sich die folgende kleine Regel: Es braucht seit jeher nur drei ganz einfache Elemente, um den Alltag zu etwas Besonderem zu verwandeln. Z.B. eine gemeinsame Mahlzeit, ein kleines Licht, beispielsweise in Form einer Kerze auf dem Tisch, und eine Blume (eventuell auch noch eine Tischdecke oder andere Dinge, die Ihnen selber einfallen, wie z.B. selbst gebastelte Platzkarten).

Was tun bei Appetitlosigkeit?

Jeder von uns kennt das Gefühl der Appetitlosigkeit, oft einhergehend mit Krankheit oder Stress. Für uns Erwachsene ist es nicht schlimm, mal weniger zu essen. Wir können uns selber disziplinieren, wenn wir merken, dass wir etwas essen müssen. Aber wenn Kinder einige Zeit fast jedes Essen verweigern, sind die Eltern schnell ratlos, gerade weil es für Kinder viel schneller gefährlich werden kann, wenn sie sich nicht ausreichend ernähren. Doch wie schafft man es, ein Kind zum Essen zu bekommen, das nicht essen mag?

Vor allem ist es als Erstes wichtig zu schauen, woher die Appetitlosigkeit kommt. Ist Ihr Kind krank und mag einfach aus diesem Grund nicht so viel essen oder steckt vielleicht eine ernst zu nehmende organische oder psychische Ursache hinter der Appetitlosigkeit? Wenn Sie unsicher sind oder die Appetitlosigkeit länger anhält, sollten Sie auf jeden Fall einen Arzt aufsuchen.

Wissen Sie noch, was Ihre Eltern in solchen Fällen gemacht haben?

„Ich kann mich daran erinnern, dass die Appetitlosigkeit bei mir eigentlich immer auftrat, wenn ich krank war. Dann haben meine Eltern alles versucht, um wenigstens etwas zu essen in mich hineinzubekommen. Bewährt waren bei Krankheit gekühltes Dosenobst oder eine Kartoffelsuppe mit Würstchen."

Testen Sie mit Ihrem Kind aus, was es noch essen mag, selbst wenn es eigentlich nichts essen möchte. Meine Tochter z. B. isst dann sehr gerne Naturjoghurt mit etwas Marmelade. Wenn gar nichts anderes mehr geht, kann sie davon immer noch reichlich essen.

TIPP: HILFE BEI APPETITLOSIGKEIT

Eine Mutter erzählte uns, dass sie, wenn ihre Kinder unter Appetitlosigkeit leiden, gemeinsam mit Ihren Kindern unterschiedliche „bunte Sachen" zubereitet. Sie macht dann bunte Pfannkuchen, bunte Kekse, bunten Joghurt und bunten Sprudel. Dazu färbt sie den Pfannkuchenteig, den Plätzchenteig und den Zitronensprudel mit Lebensmittelfarben in den Lieblingsfarben der Kinder ein.

Eine andere Mutter berichtet, dass sie dann aus belegten Broten und unterschiedlichen Gemüsesorten lustige Bilder auf dem Teller des Kindes legt. Spätestens dann futtert ihr Kind gerne die Nase oder den Autoreifen weg.

Welche genau Ihre Strategie wird, Ihr Kind trotz Appetitlosigkeit zum Essen zu bekommen, müssen Sie einfach ausprobieren. Wichtig ist vor allem, dass Ihr Kind ausreichend Flüssigkeit zu sich nimmt. Wenn dies der Fall ist, ist es auch nicht ganz so dramatisch, wenn es mal ein oder zwei Tage mal wie ein Spatz isst.

Süßigkeiten

„Meine Oma hatte auf dem Schrank eine alte Keksdose, in der die Süßigkeiten aufbewahrt wurden. Einmal am Tag wurde das Höckerchen aus der Ecke geholt, und meine Oma stieg darauf, um die Dose herunterzuholen. Dann durfte ich mir stets ein oder manchmal auch zwei Dinge aus der Dose nehmen. Meine Oma nahm sich immer ein Stück Zartbitterschokolade heraus. Wir haben uns dann zusammen auf das Sofa gesetzt und andächtig die Süßigkeiten gegessen. Oma hat von früher erzählt, als es noch nicht so viele Süßigkeiten gab."

Heute, wo es meist so viele Dinge für uns im Überfluss gibt, ist es manchmal nicht so leicht, den Kindern das Gefühl von Werten zu vermitteln. Aber vielleicht ist gerade das Thema Süßigkeiten gut geeignet. Wenn Süßigkeiten nicht immer verfügbar sind und nur zu besonderen Anlässen oder Ereignissen und in überschaubaren Mengen herausgeholt werden, dann werden sie auch wieder mehr geschätzt und nicht einfach „nebenher" gegessen. Ein paar Tüten Gummibärchen im Supermarkt kaufen kann jeder. Aber wenn Sie mit Ihrem Kind einen Spaziergang zu einem der alten Kioske machen und eine kleine Papiertüte für einen Euro mit selbst ausgesuchten Weingummis und Lakritzen aussuchen, dann wird das Ganze schon wieder zu einem besonderen Erlebnis.

TIPP: FESTE RITUALE FÜR EINEN ÄRGERLOSEN UMGANG MIT SÜSSEN LEBENSMITTELN

- Es gibt nie vor den Mahlzeiten Süßigkeiten oder süße Getränke.
- Es gibt nie Süßes gegen den Hunger.
- Es gibt keine süßen Getränke gegen den Durst.
- Süßigkeiten werden nicht sichtbar aufbewahrt und sind für Kleinkinder nicht erreichbar.
- Süßes gibt es nicht als regelmäßige Belohnung, da das ansonsten zur Gewohnheit wird.
- Am besten bekommt Ihr Kind erst nach einer Mahlzeit, besser noch nach der Hauptmahlzeit und nach dem „Obstnachtisch", etwas Süßes, da dann der richtige Hunger bereits gestillt ist. Es darf sich nach dem Mittagessen wie jedes andere Familienmitglied auch z. B. aus dem Süßigkeitenkorb etwas aussuchen. (Denken Sie hier in „homöopathischen" Dosen, also z. B. drei Gummibärchen und nicht die ganze Tüte!) So ist jeder gleichberechtigt.
- Lassen Sie Ihr Kind mitentscheiden, was es an dieser Woche und in welcher Form an Süßigkeiten naschen möchte. Vielleicht möchte es an bestimmten Tagen auf die Süßigkeit verzichten, damit es an einem anderen Tag etwas Größeres naschen darf.
- Was halten Sie davon, wenn es nur sonntags Schokocreme zum Frühstück gibt?

- Süßes sollte nicht als Trost gegeben werden.
- Süßes soll etwas Besonderes sein und bleiben.
- Bitten Sie Besucher Ihrer Familie, egal ob Familienmitglieder, Freunde oder Bekannte, keine Süßigkeiten mitzubringen. Wenn sie das doch tun, dann werden diese in die Süßigkeitendose getan und können z. B. nach dem nächsten Mittagessen ausgesucht werden.
- Beim Stadtbummel gibt es nur eine Kugel Eis, dafür aber immer eine neue Sorte!
- Bei längeren Autofahrten, z. B. in den Urlaub, können Sie ein kleines Tütchen mit unterschiedlichen Leckereien einpacken, das die lange Fahrerei etwas versüßen soll.
- Einmal im Monat können Sie z. B. zu Hause einen „Kinonachmittag" veranstalten. Dazu wird alles abgedunkelt und es gibt Popcorn oder Chips und Limonade zu trinken. Wie im richtigen Kino eben auch.

Suchen Sie gemeinsam nach gesünderen Alternativen zu den handelsüblichen Süßigkeiten – ohne viel Zucker, wie z. B. Reiswaffeln, Dinkelstangen, Dinkelgebäck, Vollkornkekse, Knäckebrot, Obst, Trockenobst, dunkle Schokolade mit einem Kakaoanteil von mindestens 70 Prozent, selbst angerührten Quark und Joghurt, Mineralwasser, ungesüßte Fruchtsäfte oder Früchtetees etc.

„Ich erinnere mich daran, dass es bei meiner Oma immer ein ‚Betthupferl' gab. Da lag abends ein kleines Schokolädchen auf dem Kopfkissen. Und wenn wir wieder abgereist sind, bekam jeder von uns eine Tafel Schokolade. Dafür hatte meine Oma einen Stapel Schokolade in ihrem Schlafzimmerschrank versteckt, wo man sich dann seine Lieblingssorte aussuchen konnte. Bei meinem anderen Opa stand in der Küche eine Dose mit unterschiedlichen Süßigkeiten, an der wir Enkelkinder uns nach Herzenslust bedienen durften. Dieser Konsum war jedoch die Ausnahme, meine Eltern achteten sehr darauf, dass wir Kinder nicht zu viel Süßkram bekamen. Zu bestimmten Anlässen, wie Ostern, Weihnachten, Nikolaus und Geburtstagen, gab es natürlich immer reichlich, aber sonst wurden die Süßigkeiten eher selten rausgerückt."

PLITSCH, PLATSCH – WASSER MARSCH!

Kinder zur richtigen Körperhygiene zu bekommen, ist keine Zauberei, und mit ein paar Regeln und Ritualen kann auch das Duschen Spaß machen. Wenn wir uns mal unsere eigenen Regeln zur Körperhygiene anschauen, dann sind das ja auch eigene kleine Rituale. Wie bei allen Ritualen können Sie schon bei den ganz kleinen Kindern einige Sachen wie Baden, Duschen, Händewaschen oder Zähneputzen mit der entsprechenden Verknüpfung von Musik oder festen Zeiten zu einem Ritual machen, das den Kindern in Fleisch und Blut übergeht.

Hände waschen: eine saubere Sache

Beim Thema Händewaschen wird aus Vergesslichkeit, Unkonzentriertheit oder Faulheit gerne gemogelt. Ihr Kind muss von Anfang an wissen, dass es zu den folgenden Zeiten immer die Hände waschen muss: morgens und abends, vor jedem Essen, nach jedem Toilettenbesuch, nach dem Spielen, nach dem Kindergarten oder der Schule, nach dem Einkaufen und auch wenn beim Backen oder Kochen mitgeholfen wird. Die Hände sollten immer mit Seife gewaschen werden, mindestens 30 Sekunden lang.

Ihr Kind muss verstehen, warum es so häufig z. B. Hände waschen muss. Erklären Sie ihm mit einfachen Worten, dass die Hände ganz viele Dinge berühren, die nicht sauber sind und krank machen können. Die gleichen „dreckigen“ Hände wollen dann aber noch z. B. einen Keks oder das eigene Spielzeug etc. anfassen und das ist ja nicht gewollt.

Damit die Kleinen frühzeitig sehen und miterleben können, dass sich auch die Eltern die Hände waschen, kann das Händewaschen mithilfe des „Handsalats“ viel Spaß machen: Vor dem Essen ruft eines der Familienmitglieder laut „Handsalat“, und alle anwesenden Familienmitglieder müssen sich schnell im Bad einfinden, um dann gemeinsam die Hände unters Wasser zu halten und sich gegenseitig einzuseifen. Sie werden sehen, wie gut das funktioniert. Und es ist auch sehr schön zu hören, wie schnell sich dieses Ritual innerhalb des Freundes- und Bekanntenkreises verbreitet!

Hier zwei schöne Händewaschlieder:

HÄNDEWASCHLIEDER

Hände waschen
Hände waschen, Hände waschen, das muss jedes Kind.
Hände waschen, Hände waschen, das geht ganz geschwind.
Hände waschen, Hände waschen, bis sie sauber sind.

Dri, Dra, Dreck
Den Dri, den Dra, den Dreck – den waschen wir jetzt weg.
Den Dri, den Dra, den Dreck – den waschen wir jetzt weg.
Und jeeeeeeeeeeetzt ist alles weg!

Und auch dieser, wenngleich kleine Tipp, kann Wunder wirken:

! TIPP: EIN EIGENES HANDTUCH

Bringen Sie einen Haken in Waschbeckennähe in der Höhe Ihres Kindes an und geben Sie Ihrem Kind ein eigenes Handtuch. Sie werden sich wundern, wie stolz und gerne Ihr Kind mit seinem eigenen Handtuch zu Ihnen kommt, wenn es zum Händewaschen geht.

Dies ist ein schönes Beispiel dafür, wie Rituale durch Kleinigkeiten unterstützt werden können und damit vieles auf ganz leichte spielerische Art und Weise vereinfachen.

Waschen und Duschen

Gesicht waschen: zweimal täglich, morgens und abends am besten mit warmen Wasser und einem Waschlappen. Ist das Gesicht verschmutzt, natürlich auch mit Seife. In manchen Familien wird das Katzenwäsche genannt. Damit die rituellen Waschungen noch mehr Spaß machen, ist der Einsatz von lustigen Waschlappen, z. B. in Tierform, immer eine gute Idee. Und schon heißt die Katzenwäsche nicht mehr Katzenwäsche, sondern Löwenreinigung!

Duschen oder Baden: Meist reicht es ein bis zweimal pro Woche, aber nur kurz. Auch hier hilft es, diese Duschzeremonien mit Musik zu verbinden und einfach auch mal Faxen machen. Wenn die große rituelle Reinigung bei Ihnen immer Samstagabends stattfindet, dann kann das nach dem Baden ja auch mit einer kurzen Sendung im Bademantel vor dem Fernseher verbunden werden, bevor es ins Bett geht.

Wenn Sie eine Badewanne haben, dann können Sie lustige Haarskulpturen aus Badeschaum in der Badewanne frisieren, was ebenfalls ein schönes Ritual ist – und sofort macht das „blöde Haare waschen mit dem Schaum, der so in den Augen brennt“ wieder Spaß!

> „Wir haben das Ritual, dass es für das Haarewaschen einen Fußballsticker zur Belohnung gibt.“

Ein auf der Heizung extra vorgewärmtes Handtuch ist ebenfalls ein schönes Abschlussritual nach dem Baden oder Duschen. Vielleicht haben Sie so ein schönes Handtuch mit einer Kapuzenecke, in das Sie Ihr Kind wunderbar einkuscheln und dann abtrocknen oder mit entsprechenden Geräuschen („brrrrrrr ...“) trocken rubbeln können. Meistens sind Kinder von so etwas total begeistert. Sie mögen es auch, wenn Sie anschließend mit dem Fön nicht nur stoisch die Haare föhnen, sondern zwischendrin mal ihr Bauch oder ihr Gesicht einen warmen Luftzug abbekommt.

Eincremen

„Punkt, Punkt, Komma, Strich, fertig ist das Mondgesicht."

Kennen Sie diesen Spruch noch? Er kann ein schönes Eincreme-ritual für Ihr Kind sein. Oder Sie verbinden das Eincremen mit einer entspannenden Massage. Sie können auch lauter Cremepunkte auf dem Körper Ihres Kindes verteilen, die es dann selber verteilen kann. Und im Sommer können Sie natürlich auch ganze Gemälde auf den Körper malen. Wenn Sie das dann noch fotografisch festhalten, haben Sie gleichzeitig viel Spaß und eine schöne Erinnerung.

Zähne putzen

Zähne putzen: mindestens zweimal täglich, morgens nach dem Frühstück und abends vor dem Zubettgehen; besser noch dreimal täglich oder nach jeder Mahlzeit.

Der Lern- und Wiederholungseffekt ist am größten, wenn Ihr Kind Sie selbst beim Zähneputzen beobachtet. Es will Sie dann ganz schnell nachahmen. Aber vergessen Sie nicht, am Ende noch einmal gründlich nachzuputzen, damit auch wirklich alles überall sauber ist. Üben Sie mit Zahnputzreimen und -spielen.

Oder Sie denken sich eine lustige Geschichte zu Frau Waschlappen und Herrn Zahnbürste und deren Kindern aus.

„Beim Zähneputzen spiele ich Karius und Baktus, während meine Tochter sich ihre Zähne putzt. In diesen Rollen lache ich, weil die Zahnbürste nicht überall rankommt, erkläre, dass ich mich hinter dem rechten Backenzahn verstecke, weil dort fast nie geputzt wird, etc. Dieses Spiel motiviert meine Tochter immer, gründlicher alle Zähne zu putzen, als sie es eigentlich tun würde. Natürlich werden Karius und Baktus zum Ende hin, wenn die Zähne sauber genug sind, zusammen mit dem Zahnpastaschaum den Abfluss runtergespült."

Übertreiben Sie das Thema Körperpflege und Sauberkeit nicht. Wie schon unsere Großeltern sagten, kann zu viel Hygiene auch krank machen.

ALLES KLAR IM KINDERZIMMER

Das eigene Kinderzimmer, das eigene Reich oder der Rückzugsort, wo man ungestört spielen kann – welches Kind träumt nicht davon. Gerade das eigene Kinderzimmer bietet den Kindern Möglichkeiten, Rituale und Regeln zu entwickeln, die hilfreich und lehrreich sind.

Die Rituale können von A wie Anklopfen und Aufräumen, über M wie Musiklautstärke bis Z wie Zimmerfarbe gehen. Wer ein eigenes Reich hat, sollte auch dort seine eigenen Rituale entwickeln können und dürfen. Sprechen Sie mit Ihrem Kind darüber!

Das eigene Zimmer

Aus eigener Erfahrung wissen Sie, dass jedes Kind sein eigenes Reich benötigt, wo es Platz hat, um zu spielen, seine Spielsachen unterzubringen, Hausaufgaben zu machen und zu schlafen. Manchmal ist es ein sehr kleines Reich, aber es ist das Reich Ihres Kindes.

Schnell entsteht Chaos im Kinderzimmer. Manche Eltern sprechen gar von einem „Schlachtfeld" oder einer „Müllhalde". Entwickeln Sie gemeinsam mit Ihrem Kind Routinen, wie Ordnung in das Chaos kommen kann.

Wichtig ist, dass Ihr Kind die Möglichkeit hat, sein Spielzeug, die Spiele, Bücher, Kuscheltiere, Bauklötze, Autos usw. unterzubringen und zu sortieren.

Einrichtung

Wichtig ist, dass alles, was dem Kind gehört, in dem Zimmer untergebracht ist. Ein spielfreundlicher Teppich darf nicht fehlen. Ebenso wenig fest montierte Regale, in denen die Spielzeuge untergebracht sind, Spieluhr, Nachtlicht, Kuscheltiere und Bücher Platz finden. In einem Regal können Sie zudem Kisten für kleinere Gegenstände unterbringen. Regale allein sind aber nicht genug: Viele Schubladen, Kästen und Beutel sorgen dafür, dass alles seinen Platz findet.

TIPP: AUFBEWAHRUNGSKISTEN

Sortieren Sie in jede Kiste eine Art von Spielzeug. Kisten aus Kunststoff oder Holz eignen sich hier besonders. Bringen Sie an den Kisten Bilder an, auf denen sichtbar ist, was in die Kiste hineingehört. Am besten basteln Sie diese Bilder gemeinsam mit Ihrem Kind, dann hat es Spaß daran, die entsprechenden Dinge (je nach Alter mit Ihrer Hilfe) aufzumalen und kann zudem eigene Ideen und Wünsche mit einbringen. Es ist so gleich involviert und hat dann auch mehr Spaß beim Aufräumen.

Beachten Sie, dass „Kinder-Aufbewahrungskisten“ verglichen mit denen von Erwachsenen etwa doppelt so groß ausfallen sollten wie der für die Kiste vorgesehene Inhalt. Mit anderen Worten: Eine Box ist dann voll, wenn sie zur Hälfte gefüllt ist! Nur dann macht es auch Spaß, darin später etwas zu suchen.

TIPP: HILFREICHE ELEMENTE FÜR DIE ZIMMERGESTALTUNG

Die kuschelige Leseecke
Platzieren Sie das Bücherregal in der Nähe des Bettes oder eines gemütlichen Sessels, sodass sich für Ihr Kind die wohlige Kombination „kuscheln und lesen“ ergibt. Präsentieren Sie wie ein Buchhändler wechselnde Bücher frontal, sodass sie ins Auge fallen und Ihr Kind zum Anschauen motiviert wird. Hier ist auch der beste Ort für ein Regalbrett mit Kuscheltieren.

Die Musikecke
Der Kassetten- und CD-Player samt den zugehörigen Tonträgern ist ebenfalls gut aufgehoben in der Nähe des Kuschelbereichs. Wenn Ihr Kind ein Instrument lernt, stellen Sie ihm dafür am besten einen besonderen Platz innerhalb der Wohnung zur Verfügung. Es fördert die Konzentration, wenn das Flöteüben nicht inmitten der Spielsachen stattfindet.

„Deine Puppen schlafen alle im Stubenwagen"
Schon Kinder unter drei Jahren lieben das Sortieren – machen Sie sich das zunutze und schlagen Sie Ihrem Kind eine Ordnung vor („Deine Puppen schlafen alle im Stubenwagen", „Die Autos parken auf der Fensterbank"). Darf Ihr Kind mitentscheiden, fällt es ihm leichter, die Ordnung später auch einzuhalten.

Zimmer- und Spielregeln

Beachten Sie immer die im Kindergarten selbstverständliche Regel: Nur ein Spiel zurzeit (und nicht mehrere gleichzeitig). Damit nimmt das eigentliche Spielen automatisch mehr Zeit ein als das ansonsten notwendige Aufräumen von durcheinandergeworfenen Spielen.

TIPP: NUTZEN SIE REGELN, DIE IM KINDERGARTEN SELBSTVERSTÄNDLICH SIND

- Jacken und Schuhe gehören an die Garderobe, Ranzen und Taschen ins Zimmer.
- Jeder verlässt Bad und Toilette so, wie er sie vorfinden möchte.
- Dreckige Wäsche kommt täglich in den Wäschekorb.

Aufräumen

Erwarten Sie von Ihrem Kind beim Aufräumen keine Wunder. Verwenden Sie das Thema Aufräumen nie als Strafe.

Kleine Kinder sind noch damit überfordert, allein Ordnung zu schaffen. Helfen Sie also mit – aber nehmen Sie Ihrem Kind nicht alle Arbeit ab, selbst wenn es mault oder das Aufräumen extra verzögert.

TIPP: SO HILFT IHR KIND MIT

Besorgen Sie Ihrem Kind z.B. einen Besen oder ein Kehrblech in Kindergröße und lassen Sie es dann beim Aufräumen helfen. Auch so hilft es Ihnen sicher gerne beim Saubermachen und lernt dabei ganz leicht und mit Freude und Spaß, sodass es dies dann später selber gerne macht.

Beziehen Sie auch Besuchskinder beim Aufräumen mit ein. Kündigen Sie gleich zu Beginn an, dass am Ende alle gemeinsam aufräumen – und erinnern Sie eine Viertelstunde vor Schluss noch einmal daran.

Tipps zum Aufräumen

1,2,3, DAS SPIELEN IST VORBEI

„1, 2, 3, das Spielen ist vorbei. Alle Kinder, groß und klein, räumen in einer Viertelstunde das Spielzeug ein!"

„1, 2, 3, das Spielen ist vorbei. Alle Kinder, groß und klein, räumen in zehn Minuten das Spielzeug ein!"

„1, 2, 3, das Spielen ist vorbei. Alle Kinder, groß und klein, räumen in fünf Minuten das Spielzeug ein!"

„1, 2, 3, das Spielen ist vorbei. Alle Kinder, groß und klein, räumen jetzt das Spielzeug ein!"

Wer kennt diese Sprüche nicht, spätestens im Kindergarten wird damit das Aufräumen eingeläutet. Was im Kindergarten gelernt wird und funktioniert, kann auch zu Hause funktionieren. Dazu muss aber auch dies mit Routine geübt werden, bis es reibungslos klappt.

Vielleicht erfinden Sie gemeinsam ein „Aufräumlied", was Sie dann immer zusammen beim Aufräumen singen. Oder lassen Sie sich von den Ritualen unserer Mitautoren inspirieren:

„Bei uns wird vor dem Abendessen aufgeräumt. Etwa zehn Minuten vorher kündige ich es an und stelle eine Eieruhr. Wenn diese klingelt, wird gemeinsam aufgeräumt. Dafür stelle ich wieder die Eieruhr auf zehn Minuten, länger sollte das Aufräumen nicht dauern, aber ich achte darauf, dass in dieser Zeit auch aufgeräumt wird."

„Wir machen abends einen Aufräumwettbewerb: Meine Tochter muss ihr Kinderzimmer aufräumen und ich die Spülmaschine ein- oder ausräumen und noch andere Aufgaben im Haushalt erledigen. Wer gewonnen hat, darf abends die Geschichte aussuchen, die im Bett vorgelesen wird."

Aufräumen als Fest zu gestalten, kann auch ein sehr schönes Ritual sein. Vielleicht kennen Sie das lustige „Fehlerspiel"?

FEHLERSPIEL

Bauen Sie beim gemeinsamen Aufräumen mit Ihrem Kind absichtlich ein paar Fehler ein, legen Sie z. B. das Auto in die Bausteinkiste und schauen Sie, wie Ihr Kind reagiert bzw. Ihnen dann zeigt, in welche Kiste das Auto hineingehört. Das macht Kindern (und Eltern) meist sehr viel Spaß und ist ein lustiges Aufräumritual.

Oder haben Sie schon mal eine Ausstellung gemacht?

AUSSTELLUNG

Wenn Kinder etwas Schönes gebastelt oder aufgebaut haben, wäre es schade, wenn sie es jeden Abend immer wieder aufräumen und damit zerstören müssten. Schaffen Sie eine Ausstellungsfläche für Kunstwerke wie „Barbies Klorollenschloss" oder „Angriff der Lego-Ufos", etwa ein freies Regalbrett oder die obere Fläche einer Kommode.

Jedes Ding hat seinen Platz oder: So schaffen Sie Stauraum

Richtig aufräumen kann man nur, wenn jedes Ding seinen Platz hat. Deshalb: Misten Sie regelmäßig das Kinderzimmer aus – zusammen mit Ihrem Kind.

Und so geht's: Entscheiden Sie gemeinsam bei jedem Gegenstand: Was bleibt im Zimmer, was kommt für eine Weile in den Keller, was verschenken oder verkaufen wir, was werfen wir weg?

Entsorgen Sie kaputte Bilderbücher, zerrissene Zeitschriften, ausgetrocknete Filzschreiber und abgebrochene Stifte sofort. Dann hat das Messie-Syndrom bei Ihrem Kind kaum eine Chance!

TIPP: DIE PRAKTISCHE KRIMSKRAMSKISTE

Bringen Sie Ihrem Kind den Sinn einer Krimskramskiste beim Aufräumen bei: Spielzeug ohne Spielwert (Figuren aus Überraschungseiern, Müslipackungen usw.) kommt in so eine Kiste. Wenn Sie die Kiste dem Kind nach etwa drei Monaten zeigen, wird es mit einigen der vergessenen Sachen begeistert spielen und andere aus dem Kinderzimmer verbannen.

Praktizieren Sie gemeinsam mit Ihrem Kind das „Simplify-Gebot" (das bedeutet, Dinge so einfach wie möglich zu gestalten) beim Aufräumen und Entrümpeln: Wenn etwas neu angeschafft wird, muss etwas Altes dafür raus. Kinder sind oft ganz stolz, wenn bestimmtes „Babyspielzeug" beim Aufräumen und Entrümpeln aus ihrem Zimmer verschwindet und sie stattdessen etwas „für Große" bekommen. Finden Sie gemeinsam einen guten Platz im Kinderzimmer für die Neuerwerbung. So lernen sie eigenverantwortlich Ordnung zu halten, und Sie halten den Wahnsinn im Kinderzimmer ein für alle Mal unter Kontrolle.

Alleine schlafen

Es wird Phasen geben, in denen Ihr Kind besonders viel elterliche Nähe benötigt. Wissen Sie, warum das so ist? Versuchen Sie es herauszufinden, um mit richtiger Hilfe dagegen anzugehen. Es können z. B. folgende Gründe vorliegen: Ihr Kind hat Ängste, z. B. im Dunkeln, vor dem Alleinsein, es hat häufiger Albträume. Ebenfalls treten diese Phasen auf, wenn sich Eltern getrennt haben oder z.B. ein Angehöriger oder das Haustier verstorben ist, ein Umzug ansteht oder vollzogen ist oder andere für ein Kind emotional schwierige Situationen vorliegen. Diese Phasen sind meist von kurzer bis mittelfristiger Dauer. Seien Sie behutsam und helfen Sie Ihrem Kind, sich von den Ängsten und Sorgen zu befreien.

Ausnahmen erlauben

Erlauben Sie Ihrem Kind nur in diesen Ausnahmesituationen – als Ausnahme angekündigt –, bei Ihnen im Bett einzuschlafen. Das Gleiche gilt für Krankheit, vor allem bei hohem Fieber. Ihr Kind benötigt Geborgenheit, Schutz oder Trost. Schläft es tief und fest, sollten Sie es in das eigene Bett tragen. Auch das ist ein Ritual, weil es sich wiederholen wird und Sie immer wieder gleich reagieren werden.

Wenn Ihr Kind – ohne offensichtlichen Grund – nicht in seinem Zimmer schlafen will, so dulden Sie keine Ausnahmen. Es wird keinen Schaden nehmen, wenn Sie ab einem bestimmten Zeitpunkt auf Ihre nächtliche Privatsphäre bestehen.

Egal wie Sie in welcher Situation handeln, es sollte ein wiederkehrendes Ritual sein, das Ihr Kind kennt und verstehen lernt. Es muss wissen, dass Sie konsequent sind und quengeln nicht zum Erfolg führt.

Wichtig ist, dass Ihr Kind weiß und lernt, dass Sie selbstverständlich auch in seinem eigenen Zimmer immer für es da sind. Egal welche Situation auftritt, ob es weint, ruft, laut träumt etc.: Trösten Sie Ihr Kind an seinem Bett und nehmen Sie es nicht mit in Ihr Bett, um dadurch selbst schneller Ruhe zu bekommen.

Ihr Handeln machen Sie aber von Ihrem Gefühl abhängig. Ist Ihr Kind noch sehr klein und sehr krank oder befindet es sich in einer Ausnahmesituation, dann sollten Sie durchaus eine Ausnahme machen. Wichtig ist, dass Sie Ihrem Kind sagen, dass das nun aus der der Situation heraus eine Ausnahme ist und eine Ausnahme bleibt.

WIE MACHE ICH MEINEM KIND DAS SCHLAFEN IM EIGENEN ZIMMER SCHMACKHAFT?

Es gibt einige Tricks, wie Sie Ihrem Kind das eigene Zimmer und vor allem das eigene Bett im eigenen Zimmer schmackhaft machen können und es somit schnell an das eigene Zimmer und Bett gewöhnen. Das Wichtigste ist: Stellen Sie eine angenehme Stimmung her. Ganz besonders um das Kinderbett herum.

- Eine Wohlfühlatmosphäre schaffen Sie z. B. durch farbig gestaltete Wände, Dekoration, Bildern, Mobiles.
- Bekommt Ihr Kind im eigenen Zimmer ein neues, „großes" Bett, so bedeutet das auch eine große Umgewöhnung. Bisher kennt es ein kleines, begrenztes Bett, an dem sich evtl. sogar noch Schutzgitter befanden. Um die Eingewöhnung zu vereinfachen, bauen Sie am Anfang eine Art Grenze. Die Grenze kann z. B. eine Kuscheldecke sein. Eine zusätzliche Möglichkeit wäre, ein Himmelszelt über das Bett zu hängen, das eine Höhle simuliert, oder befestigen Sie einen Sternenhimmel über dem Bett.
- Erlauben Sie, ein Kuscheltier mit ins Bett zu nehmen, das erleichtert Ihr Fehlen im Bett oder Zimmer.
- Sorgen Sie für unterschiedliche Lichtquellen im Kinderzimmer.
- Tagsüber benötigt Ihr Kind viel Licht, und am Abend, wenn es zu Bett geht, muss das Licht abgeschwächt bzw. gedimmt werden können, damit es zur Ruhe kommt. Wenn es nachts aufwacht, sollte es etwas sehen können. Hierzu eignet sich ein sogenanntes Nachtlicht. Es sollte in der Nacht nie ganz dunkel im Kinderzimmer sein.
- Lassen Sie die Türen Ihres Schlafzimmers und des Kinderzimmers angelehnt, damit Sie in jedem Fall hören, wenn Ihr Kind ruft oder weint.

Wie bereits beschrieben, kann es sein, dass Ihr Kind anfangs in der Nacht zu Ihnen kommt. Bringen Sie es immer wieder, d. h. konsequent, zurück in sein Bett. Bleiben Sie dann bei ihm, bis es sich beruhigt hat und eingeschlafen ist. Geben Sie nicht auf, auch wenn diese Lernphase bei Ihnen für unruhige bis schlaflose Nächte sorgt. Wichtig ist, dass Ihr Kind sieht und spürt, dass Sie immer da sind.

Anklopfen

In vielen Situationen im Leben ist es angebracht, an Türen anzuklopfen, bevor eingetreten wird. Wir Erwachsenen wissen das sehr genau, aber woher? Wahrscheinlich weil unsere Eltern es uns beigebracht und wir es so tief in uns verinnerlicht haben.

Anzuklopfen ist eine Form von Höflichkeit. Sie wollen bestimmt, dass Ihr Kind höflich ist und diese Regel befolgen lernt. Auch dies können Sie schon früh trainieren, denn nur wenn es dies von zu Hause kennt, kann es dies später auch anderswo selber praktizieren.

TIPP: KLOPF, KLOPF – HEREIN!

Bringen Sie Ihrem Kind spielerisch bei, wann es angebracht ist, anzuklopfen. Kleine Kinder haben sehr viel Spaß daran, neue Dinge im Spiel zu lernen und immer wieder anzuwenden. Stellen Sie sich dafür jeder auf eine Seite einer Tür. Wenn diese verschlossen ist, klopft einer an und wartet darauf, bis der andere „Herein" oder etwas anderes sagt. Wenn die Tür offen steht, darf man auch ohne anzuklopfen eintreten!

Spielen Sie, dass auf der anderen Seite der Tür nicht direkt „Herein" gesagt wird, sondern „Einen Moment bitte" oder gar nichts. So lernt Ihr Kind, dass man in manchen Situationen warten muss.

Überlegen Sie mit Ihrem Kind, wenn es etwas älter ist, wo man bei Ihnen zu Hause überall anklopfen muss. Wir praktizieren es so, dass generell überall, wo eine Tür verschlossen ist, angeklopft werden muss. Wenn meine Tochter ihre Tür verschlossenen hat, darf ich genauso wenig einfach eintreten wie sie ins verschlossene Elternschlafzimmer.

Zimmer mit Geschwistern teilen

Wenn sich Ihre Kinder ein Zimmer teilen, kann das zu Herausforderungen führen. Nicht immer besteht die Möglichkeit, dass jedes Kind sein eigenes Zimmer haben kann, oder aber dies ist auch gar nicht erwünscht, da das Teilen des Zimmers viele positive Effekte hat.

Wenn Kinder noch sehr klein sind, ist es meist nicht problematisch, wenn sie das Zimmer mit Geschwistern teilen, aber im Laufe der Jahre entwickeln sie ganz eigene Interessen und wollen sich von den Geschwistern abgrenzen. Außerdem werden die Themen „Meins" und „Deins" und die Privatsphäre immer wichtiger.

Wichtig ist hier vor allem aber die Gleichbehandlung. Denken Sie bei Ihren Ritualen, wie z. B. der Gutenachtgeschichte, immer daran, die Kinder gleich zu behandeln, z. B. durch das jeweils abwechselnde Vorlesen im Bett des anderen Geschwisterkindes. Oder Sie gehen hierzu bewusst aus dem Kinderzimmer ins Wohnzimmer.

Weitere schöne Ritualideen für Geschwisterkinder finden Sie im Kapitel „Geschwister untereinander".

TIPP: WENN KINDER SICH EIN ZIMMER TEILEN

- Teilen Sie das Zimmer klar in mehrere Bereiche auf, z. B. durch eine Teilabtrennung mittels eines halb offenen Regals oder eines Paravents. Sie können auch einen Vorhang als Abtrennung aufhängen oder eine Linie auf den Boden kleben, sodass jedes der Kinder weiß, welches der eigene Bereich ist. Auch gestalterisch können Sie aktiv werden. Malen Sie das Zimmer z. B. in den jeweiligen Bereichen in den Lieblingsfarben der Kinder an.
- Treffen Sie klare Absprachen in puncto Besuchskinder. Im Wechsel darf jedes Kind Freunde einladen, mit denen es auch mal ungestört im Zimmer spielen darf. Opfern Sie evtl. noch eine kleine Ecke des Wohnzimmers als Spielecke, sodass keines der Kinder sich dann benachteiligt fühlt. Oder lassen Sie das andere Kind sich an dem Tag mit einem Freund verabreden, zu dem es dann zu Besuch geht.
- Achten Sie auf ein ausgeklügeltes Ordnungssystem. Wenn unterschiedliche Charaktere auf engem Raum zusammenkommen, ist es wichtig, dass die Kinder ihre Sachen gut voneinander trennen können. So können Sie für das eine Kind nur grüne und für das andere rote Ordnungsboxen verwenden.

IN KLEINEN SCHRITTEN DIE WELT ENTDECKEN

Im Laufe der Entwicklung Ihres Kindes werden Sie feststellen, wie viel einfacher das Leben mit festen Regeln und Ritualen sein kann. Überprüfen Sie jedoch immer wieder einmal Ihre Rituale.

Sie wollen einen 12-Jährigen nicht schon abends um 19 Uhr ins Bett stecken, oder? Zugegeben, ein stark übertriebenes Beispiel, aber eines, an dem Ihnen schnell klar wird, dass Rituale auch hinterfragt und angepasst werden müssen. Manche Rituale können Sie im Laufe der Entwicklung „einschlafen lassen“, und manche werden Ihr Kind vielleicht ein Leben lang begleiten.

Entwicklungsstufen

Kinder entwickeln sich rasend schnell. Dabei kann es leicht passieren, dass Sie den Überblick verlieren über all die kleinen und großen Entwicklungsschritte, die Ihr Kind bereits gemacht hat.

Gewöhnen Sie sich verschiedene Rituale an, um diese Entwicklungsschritte festzuhalten. Das ist zum einen eine schöne Erinnerung für Sie als Eltern, aber auch für Ihr Kind ist es später interessant, sehen zu können, wann es beispielsweise laufen konnte, wie groß es in welchem Alter war oder welche witzigen Worte es für bestimmte Gegenstände oder Personen immer benutzt hat (z. B. „Bampa“ für Ball o. Ä.).

WIE SIE DIE ENTWICKLUNG IHRES KINDES FESTHALTEN KÖNNEN

Machen Sie direkt nach der Geburt Fuß- und Handabdrücke von Ihrem Kind. Malen Sie dafür Füße und Hände mit Fingerfarbe an und drücken Sie diese dann auf Papier. Dies können Sie im ersten Lebensjahr jeden Monat machen und anschließend zu jedem Geburtstag. Oder Sie nehmen Gips und machen damit die entsprechenden Fuß- und Handabdrücke.

Kaufen Sie sich zur Geburt ein Buch, in welches Sie die unterschiedlichsten Entwicklungsschritte eintragen. Ab wann konnte das Kind das Köpfchen alleine halten, wann saß oder stand es das erste Mal? Wann kamen die ersten Worte, und welche waren das? Wann war der erste Zahn da? Es gibt ganz viele erste Male in den ersten Lebensjahren, notieren Sie sich alles, so gut es geht. Irgendwann wird Ihr Kind, spätestens wenn es selber Mutter oder Vater wird, fragen, wann es was konnte. Solche Bücher gibt es in unterschiedlichster Form und Ausführung zu kaufen, aber vielleicht haben Sie auch Lust, ein solches ganz individuell für Ihr Kind anzufertigen.

Um die Entwicklung der Größe Ihres Kindes festzuhalten, können Sie z. B. zu einem festen Termin pro Jahr Ihr Kind auf ein Stück alte Tapete legen und die Umrisse abzeichnen. Wenn es mag, kann es diese dann auch noch ausmalen. Vergleichen Sie dann jedes Jahr, wie viel Ihr Kind gewachsen ist.

Die Größe können Sie auch am Türrahmen oder an der Schrankinnenseite festhalten. Stellen Sie Ihr Kind dazu in regelmäßigen Abständen gerade zur Wand und machen Sie einen Strich oberhalb des Kopfes. Ganz wichtig: Schreiben Sie das Datum dazu, damit man ganz genau feststellen kann, wie viel das Kind in welcher Zeit gewachsen ist.

Last, but not least: Sie können natürlich auch Fotos und Filme von Ihrem Kind machen, beispielsweise Ihr Kind zum ersten Mal auf dem Roller oder Fahrrad, beim ersten Fußballspiel, das erste Mal auf dem Pferd, mit der besten Freundin, hoch in den Baum geklettert, am ersten Schultag, bei der Theateraufführung im Kindergarten etc.

Trennung – der richtige Umgang mit Trennungsängsten

Die ersten Lebensmonate verbringt Ihr Kind seine Zeit fast ausschließlich mit Ihnen – „einer ist immer da". Das bedeutet Sicherheit und Geborgenheit für Ihr Kind, und so kann es sich in Ihrer Gegenwart ganz entspannt seinen Interessen und seiner Entwicklung widmen.

Aber irgendwann kommt der Zeitpunkt, an dem Ihr Kind auch mal ohne Sie und mit jemand anderem Vorlieb nehmen muss. An und für sich ist dies nichts Schlechtes, da Sie Ihr Kind bestimmt keinem wildfremden Menschen anvertrauen würden, sondern eher einer Person, die Sie gut kennen bzw. die eine geeignete Qualifikation und Erfahrung im Umgang mit Kindern vorweisen kann.

Es gibt Kinder, denen es gar nichts ausmacht, mal von jemand anderem betreut zu werden, aber es gibt auch das andere Extrem, nämlich die Kinder, die partout niemanden – außer den eigenen Eltern – akzeptieren. Diese werden wahrscheinlich, sobald sie merken, dass sich die Eltern entfernen wollen, ein unheimliches Theater veranstalten. Sie werden weinen, schreien und sich an Ihnen festklammern.

Dies ist keine schöne Situation, und als Eltern fühlen Sie sich sicher nicht gut, wenn Sie sich trotz des „Zwergenaufstandes" aus dem Staub machen (müssen).

Was können Sie in solchen Situationen tun? Auch hier können Rituale vieles vereinfachen!

Trainieren Sie das Verabschieden und gewöhnen Sie Ihr Kind frühzeitig daran, dass auch mal jemand anderes auf es aufpasst.

Überlegen Sie sich ein ganz eigenes Verabschiedungsritual für die Situation, wenn Sie Ihr Kind mit jemand anderen alleine lassen.

Bei jedem Kind klappt etwas anderes gut, testen Sie aus, was für Ihr Kind eine gute Lösung ist. Wenn Sie eine gefunden haben, behalten Sie dieses Ritual bei.

BEISPIELE FÜR VERABSCHIEDUNGSRITUALE

Nehmen Sie ein Kuscheltier Ihres Kindes und erklären Sie ihm, während Ihr Kind daneben sitzt, dass es gut auf Ihr Kind aufpassen soll, während Sie weg sind, und es trösten soll, wenn es traurig ist.

Sprühen Sie etwas von Ihrem Parfum auf den Lieblingsteddy Ihres Kindes, damit es immer an ihm schnuppern kann, wenn es traurig wird.

Überlegen Sie vorher mit Ihrem Kind, was der Babysitter mit ihm als Erstes spielen soll, dies vereinfacht die Startsituation.

Drücken Sie Ihrem Kind bei der Verabschiedung z. B. einen schönen Stein in die Hand und bitten Sie es, auf diesen gut aufzupassen und bloß nicht zu verlieren, bis Sie wiederkommen.

Lachen ist gesund! Machen Sie doch mal vor der Verabschiedung einen Kitzelwettbewerb.

Wenn Ihr Kind zu Hause betreut wird, machen Sie vielleicht keine Übergabe an der Tür, sondern lassen Sie die andere Person erst einmal ankommen und mit Ihrem Kind warm werden. In dieser Zeit machen Sie sich fertig, und bevor Sie gehen, verabschieden Sie sich noch einmal ausgiebig.

Beachten Sie jedoch immer: Wenn Ihr Kind weint und Sie am Gehen hindern möchte, gehen Sie trotzdem und ziehen Sie die Verabschiedung nicht unnötig in die Länge, denn dies macht die gesamte Situation für Sie beide nur noch schwerer. Und seien Sie sich sicher: Nach ein paar Minuten des Weinens beruhigt sich Ihr Kind in der Regel auch wieder!

Abwesenheit der Eltern bei Heimkehr des Kindes

Ist Ihr Kind ein Schulkind, kann es sein, dass Sie noch nicht zu Hause sind (weil Sie noch arbeiten oder anderweitig unterwegs sind), wenn es aus der Schule kommt. Damit Sie als Eltern und Ihr Kind sich sicher fühlen, können Sie auch für diese Situation ein Ritual einführen.

Lassen Sie sich z. B. von Ihrem Kind, wenn es zu Hause angekommen ist, kurz auf Ihrem Handy anrufen, eine SMS schicken oder sich, wenn dies bei der Arbeit nicht gestattet ist, bei der Oma, der Tante oder einer anderen erwachsenen Person melden.

Vielleicht hinterlassen Sie Ihrem Kind auch einen geschriebenen Gruß auf dem Esstisch, auf dem ein paar nette Worte stehen, und legen auch ab und zu ein Bonbon drauf.

Verabreden Sie mit Ihrem Kind auf jeden Fall, dass es Ihnen immer, wenn es noch einmal das Haus verlassen sollte, einen Zettel schreibt, wo es hingeht und wann es wieder zu Hause ist.

„Da meine Eltern beide berufstätig waren, hatten wir eine tolle ‚Zettelkultur' entwickelt. So wusste immer jeder Bescheid, wo sich die anderen aufhalten."

Von der Windel aufs Töpfchen

Jedes Kind wird irgendwann trocken! Auch wenn Sie vielleicht als Eltern denken, dass Ihr Kind die Windel nie loswird, dem ist ganz bestimmt nicht so. Dass Kinder heutzutage länger brauchen, um trocken zu werden, als früher, hat vielleicht auch damit zu tun, dass die Windeln inzwischen die Feuchtigkeit viel besser einschließen und die nasse Windel somit nicht mehr so unangenehm für ein Kind ist. Aber auch wenn das Trockenwerden von ganz alleine geht, können Sie Ihr Kind dabei durch das ein oder andere Ritual unterstützen.

Haben Sie Geduld auf dem Töpfchen, bei kleinen Kindern dauert es oft länger, bis mal etwas kommt. Eine schöne Auswahl an kleinen Büchern neben dem Töpfchen, die Ihr Kind dann beim „Thronen" anschauen kann, hilft hierbei übrigens sehr.

Vielleicht erfinden Sie auch gemeinsam lustige Lieder, nach dem Motto „Pipi, komm raus denn du bist im Töpfchen zu Haus ...". Werden Sie dabei kreativ, ihnen fällt bestimmt auch etwas ein, womit Sie

Ihrem Kind (und damit auch sich selber) die Zeit auf dem Töpfchen erleichtern können.

TIPP: RITUALE FÜRS TROCKENWERDEN

- Gehen Sie gemeinsam zur Toilette. Sie werden wahrscheinlich irgendwann gemerkt haben, dass Ihr Kind ein großes Interesse daran hat, was Sie auf der Toilette machen. Stellen Sie ihm ein Töpfchen ins Bad, und wenn Sie auf Toilette gehen, lassen Sie es sich aufs Töpfchen daneben setzen. Am Anfang kann dabei die Windel noch an bleiben, aber vielleicht wird Ihr Kind mit der Zeit versuchen, sich dazu die Windel dann auszuziehen. Ideal für diese Zeit sind Hochziehwindeln, die keinen Klettverschluss haben, sondern elastische Seitenbündchen, die ein Hoch- und Runterziehen ermöglichen.
- Setzen Sie Ihr Kind zu bestimmten Zeiten (morgens, abends, nach den Mahlzeiten ...) immer mal aufs Töpfchen und schauen Sie, ob etwas kommt. Auch wenn nichts kommt, behalten Sie dieses Ritual bei, irgendwann wird schon etwas kommen.

Wenn das Wetter schön ist, lassen Sie Ihr Kind mit nacktem Po im Garten spielen und stellen Sie ein Töpfchen gut zugänglich bereit. Wenn Sie merken, dass Ihr Kind zu pinkeln anfängt, setzen Sie es ganz schnell auf das Töpfchen. Irgendwann merkt es, wenn etwas kommt, und setzt sich dann selber drauf.

KINDERBÜCHER ZUM THEMA „TROCKENWERDEN“

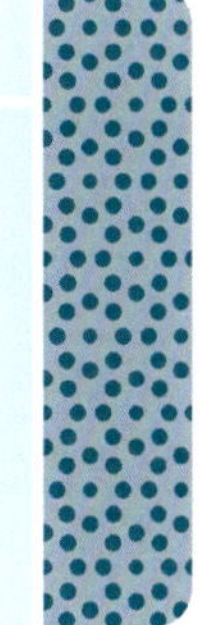

„Der kleine Zauberer Windelfutsch“ von Bärbel Spathelf und Susanne Szesny ist ein sehr schönes Buch, das Kinder sehr lieben. Wenn Ihr Kind selber auf die Toilette gehen kann, können Sie ihm eine „Windelfutsch-Medaille“, wie in dem Buch beschrieben, basteln.

Bei Angst vor dem Toilettengang ist das Buch „Juli und das Monster“ von Jutta Bauer und Kirsten Boie hervorragend geeignet.

Tschüss, Schnuller!

„Meine Eltern wollten nicht, dass ich tagsüber meinen Schnuller habe. Deswegen wurde dieser von mir jeden Morgen auf die Fensterbank im Esszimmer gelegt, sodass der Mond ihn sich abholen konnte – natürlich haben meine Eltern ihn da weggenommen und nicht der Mond. Jeden Abend, wenn ich bettfertig war, hab ich mich dann im Schlafanzug an das Fenster gestellt und laut gerufen: ‚Mond, bring mir meinen Schnulli!', und Mama oder Papa haben von hinten den Schnuller geworfen. Ich hab wirklich jahrelang geglaubt, dass der Mond tagsüber auf den Schnuller aufpasst. Das ist eine wirklich schöne Erinnerung für mich, und es hat mir aber gleichzeitig geholfen, tagsüber ohne Schnuller auszukommen."

Von dem heiß geliebten Schnuller trennt sich kaum ein Kind gerne, egal ob nur am Morgen oder später für immer, und oft fließen eine Menge Tränen. Als Eltern verzweifelt man oft in dieser Situation, denn zum einen wollen sie nicht, dass aufgrund des langen Nuckelns am Schnuller ein Schaden entsteht, und zum anderen erträgt kaum ein Elternteil ganz gelassen die Verzweiflung des eigenen Kindes, wenn der Schnuller entwöhnt werden soll.

„Bei uns kam die Schnullerfee. Ich habe vorher lange mit meiner Tochter über die Fee gesprochen und ihr erklärt, dass diese den Kindern, die sich von ihrem Schnuller trennen, ein Geschenk bringt. Gemeinsam haben wir der Schnullerfee einen Brief geschrieben, und meine Tochter hat ihr noch ein Bild gemalt von Dingen, die sie sich wünscht. Die Schnullerfee (ich) hat ihr dann einen Brief zurückgeschrieben, in dem stand, dass sie jetzt Bescheid wisse, was sie sich wünsche, und dass sie komme, sobald meine Tochter bereit sei, sich von ihrem Schnuller zu trennen und dieser nachts unter dem Kopfkissen liegt, und ihn gegen ein Geschenk eintausche. Davon war meine Tochter so beeindruckt, dass sie sich innerhalb weniger Tage freiwillig von ihrem Schnuller getrennt hat und natürlich am nächsten Tag das Geschenk der Schnullerfee in der Hand hielt. Am ersten Abend flossen noch ein paar Tränen, weil der Schnuller zum Einschlafen fehlte. Da habe ich mich dann aber einfach noch kurz mit ins Bett gelegt und mit ihr gekuschelt."

Wahrscheinlich denken Sie, dass diese Frustration Ihres Kindes ewig anhält, dem ist aber überhaupt nicht so. Innerhalb weniger Tage ist Ihr Kind sehr wahrscheinlich komplett vom Schnuller entwöhnt. Und mit unterschiedlichen Ritualen können Sie es in dieser schweren Zeit unterstützen.

In vielen Städten gibt es inzwischen auch „Schnullerbäume“. An diese kann das Kind dann mit einem Band seinen eigenen Schnuller aufhängen und ihn jederzeit noch mal besuchen gehen.

Die Zahnfee

Statt der Schnullerfee könnte Sie auch die „Zahnfee“ besuchen und die ausgefallenen Milchzähne abholen. Ihr Kind wird sich sicherlich freuen, wenn die Fee ein kleines Geschenk hinterlässt. Die Zähne können Sie beispielsweise in einer kleinen Schachtel oder Dose sammeln.

„In der Familie meiner Freundin ist der Vater immer mit dem Kind, das einen Milchzahn verloren hat, ein Eis essen gegangen.“

Kinder stärken

Die wenigsten Kinder sind von Natur aus selbstbewusste Persönlichkeiten, deshalb ist es an uns Eltern, sie bei der Entwicklung ihres Selbst zu unterstützen.

Eigentlich alle Rituale in diesem Buch dienen Kindern als Sicherheit. Und die ist ein wichtiger Anker für Ihr Kind zwischen all dem Unsicheren im Alltag, an dem es sich festklammern kann.

Aber natürlich gibt es auch ganz spezielle Rituale, die die Stärkung Ihres Kindes zum direkten Ziel haben. Vielleicht kennen Sie das ein oder andere Ritual ja selber oder machen diese Dinge ganz unterbewusst in bestimmten Situationen.

TIPP: RITUALE ZUR STÄRKUNG VON KINDERN

- Haben Sie sich schon mal morgens im Spiegel kräftig angelächelt? Sie werden merken, dass Sie sich gleich viel wohlerfühlen und der Tag leichter beginnt. Gleiches trifft für Ihr Kind zu, lachen Sie es immer wieder kräftig an und begrüßen Sie es besonders morgens mit einem Lächeln. Vielleicht gibt es auch ein morgendliches Kitzelspiel bei Ihnen.
- Vor schwierigen Situationen, wie z. B. dem ersten Tag in der neuen Schule, dem ersten Treffen mit der Freundin nach einem großen Streit, versuchen Sie mal folgendes Ritual gemeinsam mit Ihrem Kind: Stellen Sie sich beide richtig gerade hin, recken Sie das Kinn nach oben, atmen Sie tief durch und lächeln Sie breit. Sie können sich auch vorstellen, dass Sie eine Krone auf dem Kopf tragen, die nicht herunterfallen darf.
- Zeigen Sie Ihrem Kind, dass Sie stolz auf es sind. Sagen Sie dies und präsentieren Sie dies auch, d. h. hängen Sie die ersten gemalten Kunstwerke in der Küche auf, der erste Sportpokal wird an einem gut sichtbaren Ort platziert und auch das undefinierte getöpferte „Ding“ findet seinen Ehrenplatz.
- Trauen Sie Ihrem Kind Dinge zu! Lassen Sie es z. B. im Supermarkt, in dem es sich auskennt, alleine bestimmte Dinge zusammensuchen, und treffen Sie sich erst an der Kasse wieder. Lassen Sie Ihr Kind ruhig mal auf das ganz hohe Klettergerüst klettern, auch wenn Ihnen dabei das Herz in die Hose rutscht. Wenn Sie Ihr Kind immer wieder bremsen, weil Sie selber Bedenken haben, wird es stets das Gefühl haben, dass Sie es ihm nicht zutrauen. Es wird eher kein gutes Selbstbewusstsein entwickeln können.
- Lassen Sie Ihr Kind bei Dingen, die es gerne macht, Kraft schöpfen. Legen Sie dafür besondere Zeiten in der Woche fest. Wenn Sie nicht genau wissen, wobei es Kraft schöpfen kann, probieren Sie unterschiedliche Dinge aus. Der eine mag gerne Sport, der andere kann Kraft schöpfen, indem er ganz intensive Zeit mit einem Elternteil alleine verbringt, der dritte hört zum Kraftschöpfen ein bestimmtes Hörspiel und wieder ein anderer liegt einfach ganz entspannt in der Badewanne.

ERZIEHUNG – EINFACH KINDERLEICHT

„Geht Erziehung mit Ritualen wirklich leichter?" Fragen Sie sich das jetzt auch? Ja, das tut es, weil Sie nicht mehr mit Ihrem Kind diskutieren müssen, ob und warum etwas so oder so ist, wenn Dinge einfach so sind, wie sie sind, und immer so ablaufen. Wir haben einige Punkte für Sie in diesem Kapitel zusammengestellt. Denn Rituale sind prima Erziehungshelfer!

Sicherlich werden Ihnen einige Rituale bekannt vorkommen. Dann ist das klasse! Bestimmt gibt es aber auch viele, die Sie nicht kennen, oder Bereiche, die Sie sich in Zukunft erleichtern möchten, indem Sie ein Ritual daraus machen. Fast alle Kinder sind mithilfe von ritualisierten Abläufen wesentlich einfacher zu handhaben, und sie wachsen auch mit sehr viel mehr Zuversicht und Vertrauen auf, wenn das Umfeld berechenbar und für sie planbar ist. Fast alle Erzieher/-innen machen sich mithilfe von Ritualen das Leben leichter.

„Ohne eine Handvoll Rituale würden wir hier im Kindergarten verzweifeln!", sagt eine unserer Mitautorinnen. „Aber mithilfe eines kleinen Rituals schaffen wir es, dass sich die Kinder ganz schnell an den Morgenkreis gewöhnen, die Hände vor dem Essen waschen und sich gegenseitig ausreden lassen. Es gibt weniger Streit, wenn die Dinge immer nach dem gleichen Schema ablaufen!"

Machen Sie es wie die Profis und geben Sie Ihren Kindern Rituale an die Hand. Diese sind wie ein Treppengeländer, mit dessen Hilfe sie sehr gut immer weiter nach oben gelangen.

Es gibt dieses schöne Zitat „Rituale sind der soziale Kitt, der alle Beziehungen der Gesellschaft zusammenhält.“ Wenn Sie sich einmal umschauen, dann werden Sie feststellen, wie viele Rituale Sie kennen und auch praktizieren. Schon bei der Begrüßung: im Geschäftsleben den festen Händedruck, privat die Wangenküsschen oder abends im Restaurant der höfliche Gruß mit einem Kopfnicken.

Auch privat haben Sie mit Sicherheit viele kleine Rituale: das Küsschen zum Abschied und wenn Sie wieder nach Hause kommen eine Umarmung zur Begrüßung.

Die Wichtigkeit von Ritualen sollten Sie nicht unterschätzen und deshalb auch so früh wie möglich damit anfangen.

Verwöhnen

Wenn jemand anderes sagt „Ihr Kind ist aber verwöhnt“, ist dies meist nicht positiv gemeint und so wird es sicher auch von Ihnen empfunden. Wenn andere Menschen zu Ihnen sagen, dass Ihr Kind verwöhnt sei, könnten Sie das schlichtweg ignorieren oder beispielsweise antworten, dass Sie es nur in bestimmten Situationen verwöhnen und dies für Ihr Kind ein Zeichen dafür ist, dass es geliebt wird!

Denn ist Verwöhnen immer etwas Negatives?

Nein! Es gibt Situationen, da ist es durchaus angebracht, wenn Sie Ihr Kind verwöhnen. Wenn es z.B. krank im Bett liegt, ist es ein wunderbares Ritual, verwöhnt zu werden. Das tut Ihrem Kind gut!

Zu bestimmten Anlässen, wie dem Geburtstag oder auch mal am Wochenende, tut das Verwöhnen ebenfalls gut – schließlich freuen Sie sich doch bestimmt auch darüber, ab und an mal verwöhnt zu werden. Achten Sie aber beim Verwöhnen immer darauf, dass es kein Dauerzustand ist, sondern immer nur in Verbindung mit bestimmten Situationen geschieht. So weiß Ihr Kind genau, dass es in diesen

Situationen mit dem „Verwöhnprogramm" rechnen kann, aber im ganz normalen Alltag eben nicht. Was dazu führt, dass es dies dann auch nicht einfordern wird.

WIE UND WANN KÖNNEN SIE IHR KIND VERWÖHNEN?

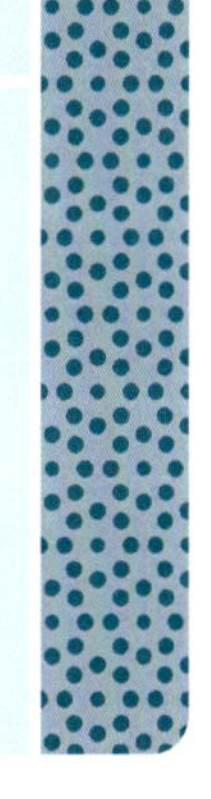

- Kochen Sie Grießbrei oder Milchreis, wenn Ihr Kind einen schmerzenden Wackelzahn hat und das Kauen schwerfällt.
- Lassen Sie Ihr Kind am Wochenende im Pyjama frühstücken.
- Wenn Ihr Kind krank ist, verwöhnen Sie es mit seinen Lieblingsgerichten, Getränken und lassen Sie es möglicherweise etwas mehr fernsehen als üblich.
- Lassen Sie Ihr Kind mal mit im elterlichen Bett schlafen, wenn es dies gerne möchte.
- Im Urlaub darf es auch etwas öfter Fastfood geben.

Ihnen fallen bestimmt selber noch viele Situationen ein, in denen Sie als Kind verwöhnt wurden und womit. Geben Sie hier Ihre guten Erfahrungen weiter!

Langeweile

Langeweile gehört zum Leben mit dazu. Wir als Erwachsene wissen meist, was wir mit freier Zeit tun können, und freuen uns darüber. Kinder müssen dies erst lernen. Sie wissen oft noch nichts mit sich anzufangen.

Die meisten Kinder haben einen festen Tagesrhythmus. Schon im Kindergarten gibt es heutzutage eher ein vorgeschriebenes Programm, als dass es Zeit zum freien Spiel gibt. Am Nachmittag geht es oft mit einem straffen Freizeitprogramm weiter, Kinder gehen zum Sport, zur Musikschule, dann noch eine Freundin besuchen oder mit Mama einkaufen, und schon ist es wieder Zeit, schlafen zu gehen. Vielen Kindern fehlt in diesem Zeitstress die Möglichkeit, sich mit sich selber beschäftigen zu müssen und dabei selber kreative Ideen entwickeln zu können. Wenn diese Kinder dann doch mal ein wenig „freie Zeit“ haben, wissen Sie oft gar nicht, was sie damit anfangen sollen, und fühlen sich gelangweilt.

„Wenn meine Tochter zu mir kommt und klagt, sie habe Langeweile, biete ich ihr an, uns gemeinsam zu langweilen. Dann legen wir uns aufs Sofa, reden nicht miteinander und machen auch sonst nichts. Spätestens nach ein paar Minuten ist ihr dies dann zu ‚langweilig‘, und ihr fällt von alleine etwas ein, was sie machen könnte. Dies ist aber auch das Ergebnis eines langen Trainings. Als meine Tochter noch kleiner war, konnte sie diese Langeweile schwer aushalten und hat mich dann angebettelt, ihr doch zu sagen, was sie machen könnte, oder etwas gemeinsam mit ihr zu machen. In dieser Zeit war es schwer für mich, mich nicht doch einfach um sie zu kümmern. Doch genauso wichtig war es für mich, dass sie lernte, sich selber zu beschäftigen.“

Auch wenn es kein Ritual ist: Lassen Sie Ihr Kind sich ruhig auch mal langweilen oder langweilen Sie sich gemeinsam. Denn ohne Langeweile entwickelt Ihr Kind wenig kreative Ideen, sich selber zu beschäftigen.

Die Faszination des Fernsehens

Alle Kinder sind vom Fernsehen in der Regel vollkommen fasziniert und würden gern viel und oft auch pädagogisch nicht so wertvolle Sendungen schauen. Drehen Sie den Spieß doch einfach mal um und befreien Sie sich aus der leidigen Diskussion, was wann und wie viel geguckt wird. Kennen Sie die „Fernsehfee“?

„Wenn unsere Tochter zu viel Fernsehen wollte, haben wir immer gesagt: ‚Erst muss die Fernsehfee kommen und einen Fernsehtaler bringen.‘ Was ist ein Fernsehtaler? Ein Fernsehtaler war für uns ein Edelstein oder so etwas in der Art. Wenn dieser im Briefkasten oder auf der Fensterbank lag, dann lief der Fernseher wieder.“

Vielleicht ist Ihnen die Fernsehfee schon einmal begegnet und Sie haben es nur noch nicht gemerkt …

TIPP: DIE ZAUBERFERNBEDIENUNG

Bei diesem Trick müssen Sie die Batterien aus der Fernbedienung entfernen. So funktioniert der Fernseher immer nur zu bestimmten Zeiten, wenn sich die Fernbedienung erholt hat und ein Bild auf den Fernseher zaubern kann.

Pflicht und Kür im Haushalt

Für die Entwicklung Ihres Kindes ist es ganz wichtig, dass es auch Pflichten im Haushalt übernimmt, wie z.B. das Tischabräumen. Natürlich sind dies je nach Alter Ihres Kindes ganz unterschiedliche Aufgaben. Überlegen Sie einmal, welche das sein könnten. Wenn Sie als Eltern sich überlegt haben, was Ihnen wichtig ist, das Ihr Kind übernimmt, dann setzen Sie sich zusammen und besprechen Sie dies. Vielleicht basteln Sie zusammen einen Plan oder auch ein Bild mit einem drehbaren Pfeil, der dann zum Beispiel angibt, wer in dieser Woche mit Tischabräumen oder Müllruntertragen dran ist. Meist entwickelt sich sogar ein Ritual daraus, am Wochen- oder Tagesanfang den Pfeil um ein Feld weiterzustellen.

Wer Pflichten erfüllt, muss auch belohnt werden! Sie kennen das von sich selbst! Wenn Sie etwas getan haben, dann freuen Sie sich sehr, wenn dies auch wertgeschätzt und gesehen wird. Fällt es keinem auf oder wird es nicht hervorgehoben, sind Sie enttäuscht, und die Wahrscheinlichkeit, dass Sie es beim nächsten Mal nicht noch einmal oder mit weniger Elan und Begeisterung machen, steigt. Genauso geht es Ihrem Kind auch!

Führen Sie daher einen „Belohnungsplan" ein. Am schönsten ist es, wenn dieser für die ganze Familie gilt, das heißt, dass jeder in der Familie für die von ihm oder ihr erledigten Aufgaben einen Punkt/

Smiley/Aufkleber o. Ä. sammeln kann, die dann am Ende der Woche (z. B. bei Ihrer wöchentlichen Familienkonferenz) ausgezählt werden. Auf der gemeinsam erstellten Umrechnungstabelle kann man dann ablesen, in was die Familie die gesammelten Punkte einlösen kann (z. B. ab fünf Punkte ein gemeinsamer Spieleabend, ab zehn Punkte ein Schwimmbadbesuch, ab 20 Punkte ein Kinobesuch usw.). Sie werden sehen, wie alle in der Familie Spaß daran haben und gegenseitig darauf achten, dass jeder seine Pflichten erfüllt.

TIPP: DAS MURMELGLAS

Wunderbar funktionieren auch optische Belohnungssysteme. Nehmen Sie beispielsweise ein Glas und lauter Murmeln (das Glas sollte aber nicht zu breit und die Murmeln nicht zu klein sein). Nun bekommt Ihr Kind jedes Mal, wenn es so wie vereinbart aufgeräumt hat, eine Murmel in das Glas. Und wenn diese eine bestimmte Linie übersteigen (die Sie vorher gemeinsam überlegt und eingezeichnet haben), gehen Sie beispielsweise zusammen ein Eis essen.

Das Ganze funktioniert natürlich auch umgekehrt. Sie können also beispielsweise können vier Holzklötzchen auf einen Schrank legen, von denen Sie immer eines wegnehmen, wenn Ihr Kind sich nicht an etwas Vereinbartes hält. Die Klötzchen stehen z. B. für Fernsehzeitminuten (fünf Minuten pro Klötzchen). Wenn nur noch ein Klötzchen am Abend übrig bleibt, darf es nur noch fünf Minuten schauen. Der Vorteil dieses Rituals ist, dass Sie gar nichts sagen müssen, sondern nur das Klötzchen wegnehmen. So besteht nicht die Gefahr, dass Sie ins Diskutieren kommen.

Die Familienkonferenz

Sie kennen Konferenzen von der Arbeit oder aus dem Fernsehen und finden diese langweilig oder haben das Gefühl, dabei würde nichts herumkommen? Eine Familienkonferenz soll natürlich ganz anders ablaufen. Mit ein paar Tricks und Kniffen wird daraus ein schönes Ritual, das Sie bald nicht mehr missen möchten.

Setzen Sie sich einmal pro Woche mindestens jedoch einmal im Monat mit der gesamten Familie zusammen. Beachten Sie, dass Sie alle ausreichend Zeit haben und nicht einer direkt wieder weg muss. Besprechen Sie alles, was in dem Zeitraum los war, und machen Sie eine Planung für die kommende Woche(n). Sie werden merken, dass die dort vereinbarten und vielleicht auf einem Familienplan festgehaltenen Aufgaben, von denen jeder in der Familie eine übernehmen muss, in Verbindung mit Ritualen sogar Spaß machen können.

Vielleicht überlegen Sie sich für die Konferenz reihum eine Person, die darauf achtet, dass immer nur einer spricht. Eventuell gibt es einen Redestein oder ein anderes Objekt, das kennzeichnet, dass immer nur der, der den Stein in der Hand hält, sprechen darf. (Falls das Durcheinanderreden kein Problem ist, brauchen Sie dies natürlich nicht.)

Geschwister untereinander

Geschwister sind etwas ganz Besonderes. Meist haben sie eine ganz eigene, schöne Beziehung zueinander. Pflegen und unterstützen Sie Rituale zwischen ihnen, wo und wann immer Sie sie entdecken. Diese sind extrem förderlich für die weitere Entwicklung und die Geschwisterliebe.

> „Nachdem mein Bruder und ich in der Badewanne waren, hat unsere Mutter uns mit den auf der Heizung vorgewärmten Handtüchern abgetrocknet, und wir haben uns dabei immer eng aneinander gekuschelt."

Sie können viel voneinander lernen …

„Einmal die Woche durfte mein kleiner Bruder mit mir auf dem Klavier spielen. Ich habe ihm dann die Tasten gesagt, die er drücken durfte, damit es nicht so schräg klang, und er hat sich gefreut wie ein Schneekönig, wenn wir so ein Lied gemeinsam gespielt haben. Als er alt genug war, hat er dann selber Klavier gelernt und viel Freude daran gehabt."

Natürlich ist es nicht immer nur harmonisch zwischen Geschwistern, und es kommt auch zu Streit. Hier können ein paar einfache Rituale helfen. Eines der wichtigsten Rituale bei Streit zwischen Geschwistern ist das Vertragen. Dies könnte beispielsweise immer vor dem Schlafengehen durch einen Handschlag und ein „Vergeben und vergessen" o.Ä. eingeläutet werden. Lesen Sie hierzu auch die anderen Beispiele zum Versöhnen im Kapitel „Rituale gegen Wut und Streit".

„Wir haben früher immer gerne ‚Indianer' gespielt und abends wurde dann immer symbolisch das ‚Kriegsbeil' unter dem Bett ‚vergraben' (es verschwand dort, sodass es nicht mehr zu sehen war). Dies bedeutete, dass abends kein Wort mehr über den Streitanlass fallen durfte und wir uns im Namen des Indianerhäuptlings Sitting Bull vertragen mussten. Dieser Schwur wurde von unseren Eltern abgenommen und mit einem Handschlag und einem lauten ‚Hugh' besiegelt. In fast allen Fällen war die Welt am nächsten Morgen wieder in Ordnung."

Hier noch ein Beispiel, wie das Teilen unter Geschwistern leichterfällt:

„Wenn wir zu vier Geschwistern eine Tüte Bonbons bekommen haben, wurde die gerecht aufgeteilt und in unsere Bonbondosen gegeben. Alles, was nicht aufzuteilen war, hat unsere Mutter bekommen. Das wirkte wirklich Wunder, es gab fast nie etwas, das wir nicht gerecht aufteilen konnten."

WER KOMMT IN MEINE ARME?

Liebevoller Körperkontakt ist etwas sehr Wichtiges für die kindliche Entwicklung. Sie können schon von klein auf durch Rituale ganz leicht und spielerisch diesen liebevollen Körperkontakt in den Alltag integrieren. Das beginnt bei Kleinigkeiten wie Huckepack.

Welches Kind hat es nicht geliebt, auf den Schultern von Papa durch die Gegend zu reiten? Dieses ist aber nur eine Möglichkeit, wie Sie den so wichtigen Körperkontakt mit Ihrem Kind aufnehmen können.

Abschied und Begrüßung

Führen Sie beispielsweise für den Abschied, die Begrüßung oder zum Einschlafen eine spezielle Art des Küssens ein, etwa indem Sie die Nasen aneinanderreiben oder sich einen „Eskimokuss" geben (mit den Wimpern an der Nase Ihres Kindes). Sie werden sehen, wie viel Spaß Ihre Kinder damit haben, sich schon darauf freuen und dieses Ritual sogar selber einfordern. Spätestens in der Pubertät ist es dann aber meist auch schon wieder vorbei mit diesem Ritual ...

Eine schöne Alternative für das Gutenachtküsschen ist der „Küsschenmarathon". Hier küssen Sie bestimmte Stellen im Gesicht Ihres Kindes (z.B. Stirn, beide Augen, Nase, Mund), immer in derselben Reihenfolge! Wie lange der Marathon dauert, bestimmen Sie natürlich gemeinsam mit Ihrem Kind.

Gut gemacht!

Kennen Sie das „Give me five"-Ritual? Wenn z. B. Fußballspieler ein Tor geschossen haben, dann klatschen Sie sich gegenseitig mit den Händen ab. Auch Sie können dieses Abklatschen ritualisieren, wenn Sie das mit Ihrem Kind machen, wenn etwas sehr gut geklappt hat.

Trost spenden

Auch die kleinen Gesten im Alltag haben einen Ritualcharakter. So ist z. B. das Auf-die-Schulter-Klopfen eine schöne ritualisierte Geste. Dieses kann auf zwei Arten geschehen, einmal als Bestätigung und einmal als Trostspender. Auch wenn hier der Körperkontakt nur Sekundenbruchteile lang andauert, handelt es sich trotzdem um einen Austausch von Zärtlichkeiten.

Auf dem Schoss sitzen

In der Reihe der Körperkontaktrituale gehörte bei der Familie einer Mitautorin beispielsweise immer, dass man nach dem gemeinsamen Abendessen bei Vater oder Mutter auf dem Schoss sitzen durfte. Wenn es bei Ihnen mehrere Kinder gibt – jeder Elternteil hat zwei Beine. Verbringen Sie so ein paar Minuten mit Ihren Kindern und lassen Sie z. B. den Tag Revue passieren oder sprechen Sie die restliche Zeit bis zur Bettruhe durch.

Die Variante „Hoppe, hoppe, Reiter, wenn er fällt dann schreit er" ist besonders bei Kleinkindern beliebt und ebenfalls ein ganz wichtiges Ritual, das Spaß macht, aber auch gleichzeitig das Vertrauen in die Eltern stärkt, die einen nicht fallen lassen.

WEITERE RITUALE MIT KÖRPERKONTAKT

Die Wunschwimper
Wenn Ihr Kind oder Sie eine Wimper im Gesicht haben, nehmen Sie diese ganz sacht mit den Fingern auf und lassen Sie Ihr Kind diese wegpusten und sich gleichzeitig dabei etwas wünschen.

Fingerhakeln
Wenn zwei gleichzeitig das Gleiche sagen, verhakeln sie sich mit dem kleinen Finger Ihres Kindes, wünschen Sie sich etwas und „schlagen" Sie diese Fingerverbindung dann mit der Hand wieder durch.

Bestimmt fallen Ihnen noch weitere Rituale ein, die den Körperkontakt mit Ihren Kindern fördern. Seien Sie kreativ!

KEINE ANGST VOR GAR NICHTS

Rituale geben Sicherheit. Vielleicht kennen Sie das ja auch: Wenn Sie eine wichtige Sitzung haben oder ein Geschäftsabschluss ansteht, dann muss es ein bestimmter Kugelschreiber oder auch eine bestimmte Reihenfolge beim Frühstück sein. Nicht dass Sie nicht wüssten, dass das nicht wirklich einen Einfluss auf die Sitzung hat. Aber es macht Sie doch etwas sicherer. Und genauso geht es auch Ihrem Kind.

Wenn Ihr Kind bestimmte Situationen in der „Das hat schon immer so geklappt"-Reihenfolge angeht, dann klappt das auch wieder! Üben Sie oder ritualisieren Sie schon in frühen Jahren bestimmte Fähigkeiten oder Tätigkeiten, und Sie werden feststellen, es hilft!

Angst in Mut verwandeln

Nicht jedes Kind ist von Anfang an mutig und traut sich selber eine Menge Dinge zu. Manchmal ist das nur in bestimmten Entwicklungsphasen so, dass Kinder sehr ängstlich sind, aber manche Kinder sind einfach von Natur aus besorgter.

In vielen Fällen helfen bestimmte Rituale, mit Ängsten umzugehen.

> „Im Kindergarten gab es immer einen ‚Mutsaft', eine einfache Mischung aus Kirsch- und Bananensaft. Wenn es diesen gab, wuchs jedes Kind über sich hinaus und traute sich Dinge, die es sich sonst nie getraut hätte. Unser Sohn fand dies so toll, dass er, wann immer er jetzt vor einer neuen, unbekannten Situation steht, diesen Mutsaft verlangt."

Auch das Kauen eines „Spezial-Mutmach-Zauber-Kugel-Kaugummis" kann ein hilfreiches Ritual für Ihr Kind sein.

> „Eine Zeit lang wurde meine Tochter im Kindergarten immer von einer Gruppe Jungs geärgert, sodass sie (eigentlich überhaupt nicht schüchtern) sich kaum noch in den Kindergarten traute. Wir haben damals in einem Spielzeuggeschäft ein kleines ‚Mutmonster' gekauft. Wichtig hierbei war, dass es in die Hosentasche passte, damit sie es immer mit sich herumtragen konnte. Dieses ‚Mutmonster' hat ihr dann so viel von seiner Stärke abgegeben, dass sie sich selbstbewusst den sie ärgernden Jungs gestellt hat."

Wichtig ist, dass Ihr Kind immer merkt, dass Sie ihm als Eltern etwas zutrauen. Denn wenn auch Sie ängstlich sind, weil sie befürchten, dass es z. B. vom Klettergerüst herunterfällt, wird es sich wahrscheinlich gar nicht erst trauen, hinaufzuklettern. Bestärken Sie Ihr Kind mit positiven Sätzen.

BESTÄRKENDE SÄTZE („HELFERSPRÜCHE") FÜR IHR KIND

- „Du schaffst das!"
- „Ich glaube an dich!"
- „Ich vertraue dir, dass du das kannst!"

Diese Sätze werden Ihr Kind eher unterstützen, als wenn Sie Sätze sagen wie „Sei lieber vorsichtig", „Vielleicht ist das etwas zu gefährlich" oder „Bevor du dir wehtust, lass es lieber sein".

Hier noch eine Vielzahl weiterer schöner Ideen, die gut bei Ängsten helfen und leicht umsetzbar sind. Schauen Sie einfach, was Ihnen und Ihrem Kind gut gefällt, und probieren Sie sie gemeinsam aus. Wichtig ist bei allen Ritualen, dass Sie selber davon überzeugt sind und daran glauben, dass es hilft! Ihr Kind wird nur dann daran glauben und etwas ausprobieren, wenn Sie dies mit Begeisterung und Überzeugung rüberbringen.

TIPP: HILFEN GEGEN ÄNGSTE

Schutzengel
Es gibt unzählige schöne Schutzengel zu kaufen, aber sicher ist ein selbst gebastelter Schutzengel, egal aus welchem Material und wie aufwendig (von der gemalten und ausgeschnittenen Pappversion über einen getöpferten Engel bis hin zu einer eigenen Puppe), viel eindrucks- und damit wirkungsvoller. Probieren Sie es doch einfach mal aus, meist hat Ihr Kind tolle eigene Ideen!

Superhelden
Sie können auch gemeinsam mit Ihrem Kind überlegen, wie ein Superheld aussehen müsste, der es beschützen kann. Dieser kann einer sein, den es kennt, vielleicht eine Figur aus einem Film oder Buch, oder auch eine Fantasiefigur, die es gemeinsam mit Ihnen malt oder bastelt. Schauen Sie einfach, was am besten passt.

Bildergeschichten
Entwerfen Sie gemeinsam mit Ihrem Kind eine Bildergeschichte zu dem jeweiligen Angstthema. In der Geschichte können vielleicht Helden vorkommen, die die Angst besiegen, oder sonstige hilfreiche Dinge. Lesen Sie die Geschichte, in der die Angst bewältigt wird, vor der angstauslösenden Situation gemeinsam mit Ihrem Kind.

Die eigene Ritterrüstung
Entwerfen Sie gemeinsam mit Ihrem Kind eine Ritterrüstung. Diese können Sie malen oder basteln oder einfach nur in der Vorstellung kreieren. Überlegen Sie zusammen mit Ihrem Kind, wie es in seiner Ritterrüstung den „bösen Drachen Angst" besiegt. Vielleicht hat es

auch ein Schwert. Oder Sie basteln zusammen ein Schild zu der Rüstung. Wenn die Ritterrüstung gut passt, kann Ihr Kind diese vor der zu bewältigenden Angstsituation in Gedanken „angelegen" und so ganz gestärkt, geschützt und mutig in die beängstigende Situation hineingehen. Sie können das Ganze auch mit dem „magischen Drei-Ritter-Stärkungs-Atmer" kombinieren. Hierzu bringen Sie Ihrem Kind bei, wie es ruhig in den Bauch atmet (das hilft nämlich sehr gut gegen Angst!). Oder Sie überlegen noch einen mutigen Ritterspruch dazu.

Mutkoffer

Packen Sie zusammen mit Ihrem Kind einen „Mutkoffer". In diesen kann es „Helfer" gegen die Angst packen, z. B. starke Tiere oder auch „Helfersprüche" wie „Du schaffst das!". Seinen „Mutkoffer" kann es dann z. B. mitnehmen, wenn es bei der Freundin übernachtet o. Ä.

Angst einsperren

Überlegen Sie zusammen mit Ihrem Kind, wie seine Angst aussieht, und vereinbaren Sie, dass es diese es auch „ein- oder wegpacken" kann. Sie können dann vor der Angst machenden Situation gemeinsam mit Ihrem Kind die Angst erst „einsperren", z. B. in einen „Angstkoffer" oder einen „Tresor" oder eine andere spezielle Truhe. So „eingesperrt" kann die Angst Ihrem Kind in der Situation dann nichts mehr anhaben.

Mutmachstein

Kennen Sie „Mutmachsteine"? Diese lassen sich hervorragend auf einer Wanderung „finden", manchmal an einem Flussufer, am Meer, in einem Wald oder an einer Wiese. Oder Sie kaufen einen in speziellen „Mutmachsteingeschäften" (für Halbedelsteine). Gehen Sie zusammen mit Ihrem Kind einen besonderen „Mutmachstein" kaufen und suchen Sie diesen gemeinsam aus. Lassen Sie sich vielleicht in dem Geschäft beraten, nehmen Sie sich auf jeden Fall Zeit und machen Sie einen besonderen Anlass aus dem Steinaussuchprozess! Dieser Stein kann dann nämlich von Ihrem Kind eine besondere Bedeutung erhalten, indem es diesen in den folgenden Angstsituationen mitnimmt und sich so viel mutiger fühlt.

Angstkerzen
Wussten Sie, dass es Regionen in Deutschland gibt, in denen vor aufregenden, wichtigen oder beängstigenden Situationen zu Hause eine Kerze angezündet wird? Beispielsweise am Tag einer besonders schwierigen Klassenarbeit. „Die brennt für mich, die hilft mir, solange ich in der Situation bin …". Sie sollten die Kerze aus Sicherheitsgründen natürlich immer in ein Glas oder in die Badewanne stellen. Nach der Angstsituation wird die Kerze dann gemeinsam ausgepustet. „Jetzt brauche ich dich nicht mehr …"

Angstbild
Lassen Sie Ihr Kind seine Angst aufmalen. Es ist ganz wichtig, dass die Angst kein abstraktes, diffuses und dadurch großes, beängstigendes Gebilde ist, sondern „Gestalt" annimmt! Mit dem gemalten Bild können Sie nun ganz unterschiedlich verfahren. Die Angst wird z. B. schon wesentlich weniger bedrohlich, wenn das Bild einen dicken schwarzen Rahmen bekommt! Oder Sie überlegen gemeinsam, was nun die Angst besiegen kann. Oder Sie machen ein Ritual daraus, das Angstbild anschließend zu verbrennen oder zu zerschneiden. Sie können die Asche später noch vergraben.

Zauber-Kräuter-Säckchen
Ein hübsch riechendes Stoffsäckchen, entweder selbst genäht und mit echten, stark duftenden Kräutern gefüllt oder beispielsweise in der Apotheke gekauft, kann ebenfalls wunderbar gegen Ängste helfen. Ihr Kind kann sich sein „Zaubersäckchen" einpacken und immer dann daran riechen, wenn es Mut braucht.

Zaubersprüche
Zaubersprüche sind ebenfalls hervorragende Mutspender. Alle vorgeschlagenen Rituale lassen sich wunderbar mit „Mut-Mach-Zaubersprüchen" kombinieren!

- „Hokuspokusfidibus, gleich macht die Angst verschwindibus!"
- „Ene, mene, meck, gleich ist der blöde Gedanke weg!"
- „Simsalabim, nun ist die Klassenarbeit gar nicht mehr schlimm!"
- „Mut, Mut, Mut, dann wird alles gut!"

…

Monster und Gruselgestalten

Häufig berichten Kinder von Monstern oder ähnlichen Gruselgestalten, die sie in ihren Kinderzimmern vermuten oder sogar schon einmal gesehen haben. Manchmal kann diese Angst sogar so weit führen, dass sich das Kind beispielsweise nicht mehr zutraut, den eigenen Kleiderschrank zu öffnen, da es befürchtet, dass ein Monster aus diesem springen und es plötzlich angreifen könnte.

Es ist ganz wichtig, dass Sie als Eltern die Angst Ihres Kindes ernst nehmen. Reden Sie sie nicht einfach weg, indem Sie sagen „Ach, stell‘ dich doch nicht so an, da ist doch gar nichts!". Ihr Kind soll merken, dass Sie als seine Eltern, es mit seinen Ängsten wahrnehmen, es ernst nehmen und dabei unterstützen, seine Angst zu bewältigen.

TIPP: „ANTI-MONSTER-SPRAY

Sie können zusammen mit Ihrem Kind ein „Anti-Monster-Spray" herstellen (z. B. ein Gemisch aus Lavendel und Wasser) oder dieses in einem gut sortierten Drogeriegeschäft kaufen. Testen Sie einfach mal, ob die Monster durch das Spray nicht schon weniger werden.

Schüchternheit

Vielleicht haben Sie auch ein schüchternes Kind, was sich gerne mal hinter Ihrem Rücken versteckt und nur ganz leise, wenn überhaupt, antwortet, wenn es etwas gefragt wird. Es kann sein, dass Sie als Eltern dies als unangenehm empfinden, aber meist „verwächst" sich das in den nächsten Jahren von alleine.

Aber natürlich gibt es auch ein paar Tipps und Tricks, wie Sie Ihr Kind dabei unterstützen können, die Schüchternheit ein wenig abzulegen.

Zeigen Sie ihm, so oft wie möglich, wie toll es ist, und dass es genau richtig und perfekt ist und Sie es ganz genauso lieb haben, wie es ist. Das steigert das Selbstbewusstsein Ihres Kindes. Um die ganzen positiven Eigenschaften und Dinge Ihres Kindes zu erfassen, können Sie z. B. gemeinsam eine Collage basteln.

DIE „WAS ICH ALLES KANN, MAG, MICH TRAUE UND GUT KANN"-COLLAGE

Über Ihr Kind: Kleben Sie in die Mitte ein Foto von Ihrem Kind. Dann schneiden Sie aus alten Zeitschriften alles raus, was Ihr Kind ausmacht. Wenn es einen Sport gerne mag, kleben Sie ein Bild von der Sportart mit auf die Collage. Wenn es eine Lieblingsspeise hat, gehört diese auch auf das Bild. Füllen Sie nach und nach die Collage, und Ihr Kind wird sehen, was alles zu ihm gehört und was es alles kann!

Üben Sie streiten, schreien und rangeln!

Schüchterne Kinder haben häufig Angst vor Konfrontationen jeglicher Art. Dies können Sie aber gut zu Hause gemeinsam trainieren.

DIE RAUF-UND-SCHIMPFWORT-ZEIT

Richten Sie eine „Raufzeit" als festen Bestandteil in der Woche ein. Dann schreien, schubsen und streiten Sie mal ordentlich. Anfangs wird Ihr Kind wahrscheinlich ängstlich sein und nicht richtig mitmachen wollen. Aber mit der Zeit wird es merken, dass es unheimlich viel Spaß macht, jemanden auch mal etwas lauter seine Meinung zu sagen oder sich im Spiel zu schubsen. Vielleicht gibt es auch die Regel, dass in dieser besonderen Zeit (und nur dann!) auch Schimpfwörter erlaubt sind. Kinder haben ohnehin keinerlei Möglichkeit, Schimpfwörtern aus dem Weg zu gehen, und dann sollen Sie diese lieber zu Hause in einem geschützten Rahmen einmal pro Woche alle rauslassen, anstatt sie ständig in der normalen Alltagssprache zu verwenden.

Geben Sie Ihrem Kind auch so ausreichende Gelegenheiten, seine Schüchternheit zu überwinden. Wie wäre z. B. eine kleine Zirkusvorstellung vor Ihnen und vielleicht den Großeltern bei Ihnen zu Hause? Je öfter trainiert wird, desto einfacher wird es mit der Zeit!

Trauen Sie Ihrem Kind Dinge zu! Lassen Sie es sich z. B. eigenständig an der Eisdiele anstellen und eine Kugel Eis kaufen. Je mehr Sie ihm zutrauen, desto mehr traut es sich mit der Zeit auch selber zu.

Ein sehr schönes Buch, in dem Ängste ganz wunderbar kindgerecht erklärt sind, ist: „Kirsten Boie erzählt vom Angsthaben“ (von Kirsten Boie).

Falls die Schüchternheit oder Ängste Ihres Kindes zu stark sind und die vorgeschlagenen Dinge nicht funktionieren und Ihr Kind sich auch nach längerer Zeit beispielsweise nicht mehr zutraut, in seinem eigenen Zimmer zu übernachten und sich dadurch weitere Probleme ergeben, ist es wichtig, dass Sie sich professionelle Hilfe holen. Sprechen Sie den Kinderarzt an oder wenden Sie sich an eine Beratungsstelle oder einen Kinder- und Jugendlichenpsychotherapeuten.

VOM STREITEN UND VERSÖHNEN

Im Kindergarten gab es vielleicht das „stille Sofa“, auf dem die Kinder, die Unfug gemacht hatten, eine gewisse Zeit sitzen mussten. Vielleicht kennen Sie auch die „stille Treppe“ auf der gesessen werden muss, wenn trotz Ermahnung noch weiter Unfug gemacht wird. Doch welches Ritual hilft wirklich?

Bei der Entscheidung, wie Sie eskalierende Situationen mit Ihrem eigenen Kind handhaben möchten, spielt natürlich das, was Sie selber als Kind erlebt haben, eine große Rolle.

Eigene Strategien entwickeln

Überlegen Sie selber, wie Sie selbst mit Streit oder Wut umgehen. Gehen Sie anderen kurzzeitig aus dem Weg oder versuchen Sie das Problem direkt zu lösen? Werden Sie laut oder gehen Sie vielleicht eine Runde Joggen?

„Wir hatten zu Hause nie einen ‚stillen Ort‘. In ganz argen Fällen, musste meine Tochter aber mal in ihr Zimmer gehen und durfte erst nach ein paar Minuten wiederkommen, als sie sich beruhigt hatte.“

Jeder Mensch hat eigene Strategien mit Wut, Stress oder Ärger umzugehen. Überlegen Sie, wie der beste Umgang damit für Sie aussehen könnte; es kann auch sein, dass Sie dies bislang noch nicht selber so praktizieren.

Sie können jederzeit Strategien und Rituale entwickeln für eine neue und angemessene Streitkultur in Ihrer Familie. Als Eltern sollten Sie für sich eine sinnvolle Lösung finden, die dann aber für alle Beteiligten klar sein sollte.

„Mein Sohn weiß z.B. ganz genau, dass der Spaß vorbei ist, wenn ich langsam ‚Eins, zwei …' sage. Dafür musste er nie groß bestraft werden, es war von Anfang an klar, dass Schluss mit lustig ist, sobald ich zu zählen anfange."

Wut und Streit gehören im Leben eines jeden Menschen dazu, gerade Kinder sind sehr sensibel und wissen nicht immer mit ihren manchmal negativen Gefühlen umzugehen. Deshalb ist es wichtig, in der Familie eine vernünftige Streitkultur einzuführen.

Lassen Sie Ihr Kind verstehen, dass auch negative Empfindungen wie Angst, Wut und Ärger in Ordnung sind, dass es aber wichtig ist, diese Empfindungen in einem angemessenen Rahmen auszudrücken. Achten Sie darauf, dass Sie als Eltern dieselben Regeln befolgen, denn wie kann Ihr Kind etwas lernen, was Sie selber nicht beherzigen?

Wenn es aber zu Wutausbrüchen kommt, die gar nicht verständlich sind, kann auch folgende Methode gut funktionieren.

„Wenn meine Tochter mal wieder am Wüten ist und ich kaum eine Chance mehr habe, an sie ranzukommen, schimpfe ich mit dem Streithammel auf ihrer Schulter. Oft weiß sie nämlich gar nicht, warum sie so wütend ist, und so schieben wir die Schuld auf den Streithammel, der sie dazu bringt, so böse zu sein. Gemeinsam versuchen wir dann mit viel Humor, diesen wieder loszuwerden. Und schon ist die ganze Wut wie weggeblasen."

TIPP: RITUALE, MIT DENEN SIE IHREM KIND UMGANG MIT NEGATIVEN GEFÜHLEN ERLEICHTERN

Die Fünf-Minuten-Pause
Wenn Sie merken, dass Sie oder Ihr Kind wütend werden, sagen Sie kurz „Stopp, fünf Minuten Pause" und stellen Sie eine Küchenuhr. In diesen fünf Minuten reden Sie nicht miteinander, sondern gehen am besten in unterschiedliche Zimmer. Nach den fünf Minuten setzen Sie sich zusammen und besprechen, warum Sie oder Ihr Kind wütend wurden. Normalerweise ist nach fünf Minuten die Wut etwas abgeflaut, und das Thema kann ruhig besprochen werden. Finden Sie jetzt gemeinsam eine Lösung! Wenn Sie dies immer so praktizieren, wird Ihr Kind diese Form der Konfliktbewältigung schnell lernen und auch „Stopp" sagen, wenn es merkt, dass die Wut in ihm hochkommt.

Kissenboxen
Wenn die Wut Ihr Kind mal richtig stark erwischt und Sie das Gefühl haben, dass es kaum wieder aus dieser Emotion herauskommt, lassen Sie es auf die Matratze des Bettes einschlagen und in ein Kissen boxen und brüllen. So kann es sämtliche Aggressionen loswerden, ohne jemanden zu schaden. Normalerweise verfliegen dann ziemlich schnell sämtliche Aggressionen, und Sie können wieder normal miteinander umgehen.

Gefühle aufschreiben
Schreiben Sie Gefühle und Emotionen auf. Manchmal fühlen Kinder oder auch Sie sich vollkommen missverstanden und denken, dass keiner einen versteht. Sobald Ihr Kind schreiben kann, kann es aufschreiben, was es fühlt und denkt und Ihnen den Zettel geben. Machen Sie dies auch umgekehrt! Ein geschriebenes Wort hat eine andere Gewichtung als ein gesprochenes und bringt einen manchmal mehr zum Nachdenken.

Versöhnen

Streit ist zwar nicht schön, und das empfinden nicht nur Sie als Eltern so, sondern auch Ihr Kind, aber in manchen Situationen geht es einfach nicht ohne. Wenn es mal zu einem Streit kommt, ist es wichtig, dass Sie sich auch wieder versöhnen, denn ohne eine richtige Versöhnung hat jeder hinterher ein schlechtes Gefühl im Bauch.

Auch das richtige Versöhnen kann mit Ritualen geübt werden. Wie versöhnen Sie sich denn selber nach einem Streit mit Ihrem Partner, Kollegen, Freund oder Familienangehörigen? Oder was wäre Ihre Wunschvorstellung für eine „gute Versöhnung"?

„Bei uns in der Familie ist es üblich, dass, egal wie groß der Streit war und wie wütend oder enttäuscht der Einzelne ist, es uns allen ganz wichtig ist, uns schnell wieder zu versöhnen. Keiner geht mit diesem Gefühl aus dem Haus oder abends ins Bett! Nachdem die Fetzen geflogen sind und man sich ein wenig beruhigt ist, geht man zu dem anderen und sagt, dass man sich wieder vertragen möchte. Dann wird sich die Hand gegeben und beide sagen „Entschuldigung" (denn für einen Streit sind immer **beide** Parteien Auslöser!). Nach der Entschuldigung nimmt man sich ganz fest in den Arm und sagt sich gegenseitig, wie lieb man den anderen hat.

Die Umsetzung dieses Rituals hat bei uns natürlich auch längere Zeit gedauert, aber uns allen war immer ganz wichtig, dass jeder in der Familie weiß, dass sich nie etwas an den grundsätzlichen Gefühlen füreinander ändert, egal wie groß der Streit mal ist."

Lassen Sie nach jedem Streit erst einmal ein paar Minuten „Gras über die Sache wachsen". Denn mit erhitzten Gemütern ist das Versöhnen meist sehr schwierig. Wenn Sie das Gefühl haben, dass alle beteiligten Gemüter sich ausreichend beruhigt haben, gehen Sie wieder zu Ihrem Kind, nehmen Sie es in den Arm und fragen Sie, ob Sie sich nicht wieder vertragen wollen. Es gibt wahrscheinlich nur ganz wenige Situationen, in denen Ihr Kind dies dann ablehnen wird. Es wird sich dieses Verhalten wahrscheinlich relativ schnell abschauen, und nachdem Sie vielleicht einige Male den ersten Schritt gemacht haben, ebenfalls anfangen, den ersten Schritt zu machen. Wenn es dies tut, loben Sie es natürlich dafür!

Hier finden Sie eine Reihe alternativer Versöhnungsmethoden. Lassen Sie sich inspirieren, welche Ihnen gefallen, oder vielleicht haben Sie auch schon selber ein eigenes gut funktionierendes Versöhnungsritual?

ALTERNATIVE VERSÖHNUNGSRITUALE

Warme Dusche
Nach dem Streit dem anderen eine „warme Dusche" geben – das bedeutet, dem anderen etwas zu sagen, was man an ihm gerne mag.

Der Versöhnungszettel
Auch wenn einem eine Entschuldigung noch etwas schwerfällt, einem die Versöhnung aber ganz wichtig ist, kann man dem anderen einen Zettel zukommen lassen, auf den man etwas Nettes schreibt oder aber auch einfach nur ein Herz malt.

Der Versöhnungsspaziergang
Machen Sie doch mal nach einem Streit einen gemeinsamen Spaziergang. Wenn man sich bewegt, beruhigt sich normalerweise ganz schnell das Gemüt.

Weiße Flagge
Die „weiße Flagge" ist bekanntlich ein Symbol für einen Waffenstillstand. Vielleicht basteln Sie mit Ihrem Kind eine weiße Flagge, welche an einem festen Ort in der Wohnung aufbewahrt wird. Und wenn einem von Ihnen ein Streit mal zu viel wird, kann er einfach die weiße Flagge holen und hochhalten, und damit ist der Streit bis auf Weiteres auf Eis gelegt. So kann der Ärger etwas verrauchen, und alle vertragen sich später wieder viel leichter.

Die Friedenspfeife
Ähnlich wie die Indianer kann man auch zu Hause eine Art „Friedenspfeife" haben, die natürlich nicht geraucht wird, aber die das Versöhnen symbolisieren soll.

Kennen Sie das Kinderbuch: „Du hast angefangen! Nein, du!" von David Mc Kee? Darin ist auf wunderbare Weise das Thema Streit zwischen zwei Personen aufgegriffen. Vielleicht ist es auch ein Ritual, nach einem Streit das Buch gemeinsam anzuschauen.

Für Kinder ist es zum einen wichtig, dass sie richtige Formen des Streitens erlernen, aber zum anderen auch, dass sie lernen, wie man sich wieder richtig versöhnt. Denn wenn man sich nach einem Streit nicht versöhnt, kann es sein, dass der Streit immer wieder auf dem Tisch landet und die Kinder sich wegen irgendwelcher Kleinigkeiten nicht mehr mögen.

Entschuldigung – ein wichtiges Ritual

Schon früh können Sie mit Ihren Kindern das Entschuldigen in Form von Ritualen trainieren. Machen Sie sich dazu erst einmal Gedanken dazu, wie Sie möchten, dass sich Ihr Kind entschuldigt, oder wie Sie sich selbst bei anderen entschuldigen.

Ein „Es tut mir leid" oder „Entschuldigung" sollte eigentlich jedes Kind beherrschen.

Trainieren Sie das schon ganz früh. Dafür können Sie als Elternteil vielleicht im Spiel etwas umschubsen und dann „Entschuldigung" sagen, Ihr Kleinkind wird sich dieses Verhalten schnell bei Ihnen abschauen und nachahmen.

Wenn Ihr Kind älter wird, werden Sie merken, dass die Entschuldigungen oft nicht mehr ganz so freiwillig über die Lippen kommen und Sie Ihr Kind immer und immer wieder dazu anhalten müssen, sich zu entschuldigen. Fragen Sie doch mal, warum es sich nicht mehr entschuldigen möchte! Dadurch signalisieren Sie ihm, dass Sie sein Verhalten begreifen möchten. Oft liegt es daran, dass Kinder noch einen anderen Gerechtigkeitssinn haben als wir Erwachsenen und gar nicht einsehen wollen, dass die „Schuld" vielleicht auch bei ihnen liegt.

„Ich versuche meiner Tochter dann zu erklären, dass es nicht um die Schuldfrage geht, sondern darum, dass man sich entschuldigt, um die negative Situation zu beenden."

Manchmal haben Kinder aber auch Schwierigkeiten, sich persönlich für etwas zu entschuldigen. Man kann dann mit ihnen üben, kleine Entschuldigungszettel zu malen oder zu schreiben. Dies fällt manchmal etwas leichter und hat dieselbe Wirkung.

TIPP: SO KLAPPT ES MIT DEM ENTSCHULDIGEN BALD VON GANZ ALLEINE

- Schon mit Kleinkindern im Spiel das Entschuldigen üben, denn etwas, was von klein auf trainiert wird, wird meist auch beibehalten.
- Entschuldigungszettel malen oder schreiben.
- Statt der wörtlichen Entschuldigung eine besondere Geste trainieren, z. B. in den Arm nehmen und einen Kuss auf die Wange geben.

Vorbild sein

Auch wenn Sie sich jetzt vielleicht fragen, was dieses Kapitel eigentlich mit Ritualen zu tun hat, und sich daher eher an einen Erziehungsratgeber erinnert fühlen, halten wir diesen Punkt für einen wichtigen Baustein in der Erziehung. Rituale können nur dann funktionieren, wenn sie mit der Glaubwürdigkeit und Vorbildfunktion von Ihnen als Eltern Hand in Hand geht.

Wenn Sie es nach einem Streit schaffen, auf die andere Person zuzugehen und mit ihr noch einmal versuchen, den Streit oder das Problem zu lösen, werden Kinder feststellen, dass das funktioniert. Kinder sind in der Regel schlauer, als man das manchmal meint. Seien Sie sicher, dass sie Ihre Streitkultur sehr bewusst wahrnehmen und versuchen werden, diese zu adaptieren. Seien Sie also auch im Streiten ein Vorbild für Ihre Kinder und verhalten Sie sich so, wie Sie es gerne als Kind von Ihren Eltern gehabt hätten.

Wenn Sie Ihrem Kind z. B. in Form von Ritualen eine gewisse Streitkultur beibringen wollen, müssen Sie sich bei Auseinandersetzungen an dieselben Regeln halten, die Sie für Ihr Kind in puncto Streiten festlegen. Denn wie soll Ihr Kind lernen, etwas „richtig“ zu machen, wenn die eigenen Vorbilder es „falsch“ vorleben.

Genauso wie Sie ein gutes Vorbild für Ihr Kind sein sollten, soll Ihr Kind nach Möglichkeit auch ein gutes Vorbild für andere Kinder sein. Ich habe z. B. meinem Kind beigebracht, dass es alles andere als in Ordnung ist, wenn man seinen Müll einfach auf die Straße wirft. Wenn man zum Beispiel ein Bonbon isst und das Papier nicht direkt in einen Mülleimer werfen kann, muss man den Müll erst einmal in die Tasche stecken und spätestens zu Hause in den Mülleimer werfen. Das hat meine Tochter so stark verinnerlicht, dass sie fast jeden Tag aus der Schule ganz entsetzt nach Hause kommt, weil wieder „jemand Böses“ einfach Müll auf den Boden geworfen hat.

Eine solch vorbildliche Einstellung kann problemlos durch Rituale erworben werden hat, und somit ist Ihr Kind gleichzeitig ein gutes Vorbild für andere Kinder.

In welchen Bereichen, kann das eigene Kind noch ein gutes Vorbild sein?

Bezüglich des Umgangs miteinander kann ein Kind ein sehr gutes Vorbild sein. Wenn es bei Ihnen zu Hause üblich ist, dass Sie höflich und wertschätzend miteinander umgehen, und ein anderes Kind zu Besuch ist, das dies vielleicht nicht von zu Hause kennt, wird es im besten Fall etwas von diesem positiven Umgang mit nach Hause nehmen und vielleicht auch dort anwenden.

Die Streitkultur, die bei Ihnen zu Hause gepflegt wird, kann ebenfalls eine Vorbildfunktion haben. Wenn Ihr Kind gelernt hat, wie eine Auseinandersetzung gewaltfrei und mit dem Eingehen von Kompromissen funktioniert, wird es das auch in Kindergarten, in der Schule oder im Freundeskreis versuchen. Kinder, die diese Form der Streitkultur nicht kennen, merken vielleicht, dass dies eine deutlich schönere Variante ist als diejenige, die sie selber praktizieren.

Wenn Ihr Kind gelernt hat, sich gut bei Tisch zu benehmen, dann kann es auch in diesem Bereich ein gutes Vorbild für andere Kinder sein. Und gerade kleinere Kinder schauen sich ja gerne etwas bei den Größeren ab.

Wie Sie sehen, gibt es viele Lebenslagen, in denen Ihr Kind als Vorbild fungieren kann. Dazu muss es aber selber erst die „richtigen“ Umgangsformen gelernt haben.

Wenn Sie vielleicht zwei oder mehrere Kinder unterschiedlichen Alters haben, erklären Sie dem ältesten Kind ruhig, dass es eine Art Vorbild für die „Kleinen“ ist, genauso wie Sie als Eltern auch ein Vorbild sind, und wie wichtig diese Vorbildrolle ist, da sonst die „Kleinen“ das „Falsche“ lernen.

JETZT GEHT'S IN DEN KINDERGARTEN

Vielleicht erinnern Sie sich noch an die eigene Kindergartenzeit zurück. Dort gab es sicher das ein oder andere schöne Ritual, das Ihnen in lieber Erinnerung geblieben ist?

Kindergärten betreuen Ihr Kind bis zu einem Alter von sechs, manchmal auch bis zu sieben Jahren. Ihr Kind lernt dort durch das Zusammensein mit Gleichaltrigen viel und nimmt für sein zukünftiges Leben sehr viel mit. Pädagogische Konzepte unterstützen dabei die Erzieherinnen.

Ihr Kind unternimmt den ersten Schritt in die eigene Selbstständigkeit. Wahrscheinlich ist es für Ihr Kind die erste Erfahrung für längere Zeit – halb- oder ganztags –, ohne die Eltern zu sein. Es bildet soziale Kompetenzen und muss sich gegen viele andere Kinder durchsetzen. Die Erzieherinnen setzen Schwerpunkte in den Bereichen Kommunikation, Sprache, Spielen, Bewegung, Gestalten, Experimentieren. Ihr Kind wird insbesondere lernen, gesellschaftliche und gefühlsbetonte Beziehungen aufzubauen.

Profitiert mein Kind vom Kindergarten?

Fachleute haben nachgewiesen, dass der Besuch des Kindergartens für die Entwicklung eines Kindes äußerst positiv ist. Kindergartenkinder sind ausgeglichener, können besser teilen und sind kooperativer. Sie empfinden und lernen, dass gemeinsam zu spielen, basteln, singen, essen, schlafen etc. mehr Spaß macht, als dies alleine zu tun.

Indem Ihr Kind die Dinge, mit denen es gespielt hat, wieder an Ort und Stelle zurückräumen muss, lernt es spielend leicht Ordnung zu halten. Falls beispielsweise wegen eines Spielzeugs Streit entsteht, muss geklärt werden, wem das Spielzeug gehört bzw. wer gerade damit gespielt hat und ob es ausgeliehen werden darf. Vielleicht wird ein Kompromiss gefunden, erst du, dann ich, oder es wird gemeinsam mit dem Spielzeug gespielt. Im Kindergarten ist es bis auf wenige Ausnahmen (manchmal auch feste Tage) nicht üblich, eigenes Spielzeug mitzubringen. Daher „gehören" die Spielzeuge nicht nur einem bestimmten Kind, sondern der Allgemeinheit, und ein Kind hat ein Spielzeug jeweils für eine bestimmte Zeit in seinem Spielbesitz. So lernt Ihr Kind zu teilen, gerecht zu sein und Kompromisse zu finden.

Auf Ehrlichkeit wird Wert gelegt. Es gibt verbindliche Regeln und Rituale für alle Kinder, beispielsweise, dass nicht geschrien wird, um sich durchzusetzen und Recht einzufordern. Oder dass nicht gespuckt, gekniffen, getreten, geboxt, geschubst etc. werden darf.

Zur hygienischen Erziehung gehört, dass nach einem Toilettengang die Spülung bedient wird und die Hände mit Seife gewaschen werden. Die Toilette wird so verlassen, wie man sie vorfindet. Wer noch nicht allein zur Toilette gehen kann, bekommt Hilfe von den Erzieherinnen. Die ritualisierte Durchführung der Toilettenhygiene veranschaulicht sehr deutlich, wie wichtig, leicht und gut Rituale sein können und wie lang anhaltend deren positive Effekte sind.

Bei Ausflügen wird den Kindern beigebracht, wie sie sich im Straßenverkehr zu verhalten haben und wie am besten auf den Verkehr geachtet wird. Jeder schaut nach dem anderen, geht auf dem Bürgersteig möglichst weit entfernt von der Straße und fasst mindestens ein anderes Kind an der Hand. Und ganz wichtig: Die ersten Verkehrszeichen werden geübt.

Teile davon oder auch das komplette Ritual können Sie natürlich auch bei Ihren eigenen Ausflügen nutzen. Das vereinfacht mit Sicherheit Ihren nächsten Familienausflug.

DAS AUSFLUGSRITUAL EINER KITA

- Alle gehen noch einmal auf die Toilette;
- alle ziehen sich an;
- es gibt einen Treffpunkt, z. B. im Garten;
- jedes ältere Kind nimmt ein Jüngeres an die Hand;
- die „Vorneläufer" sagen, ob die Straße frei ist;
- die „Hintenläufer" melden vorher, ob alle Kinder richtig stehen und zuhören;
- die Älteren laufen immer an der Straßenseite;
- an der Bushaltestelle bleiben die Kinder im Bushäuschen, bis der Bus kommt;
- dann steigen alle hinten ein und setzen sich sofort hin.

In vielen Kindergärten werden die Kinder an gesunde und ausgewogene Ernährung herangeführt. Es gibt „Gemüsetage", „Obsttage" oder „Müslitage", an denen das jeweilige Essen von zu Hause mitgebracht wird. Über das Essen wird dann gemeinsam gesprochen, und jeder lernt so etwas über gesunde und ausgewogene Ernährung. Beim gemeinsamen Frühstück und Mittagessen wird Wert auf gute Tischmanieren gelegt. Auch diese positiven Effekte können Sie leicht zu Hause aufgreifen.

EIN TYPISCHES KINDERGARTENRITUAL

In manchen Kindergärten oder Kitas gibt es eine „Kinderkonferenz". Dort wird über Dinge, die den Kindern wichtig sind, die sie stören oder ärgern, gesprochen, es werden neue Regeln vereinbart und, wenn notwendig, Probleme geklärt.

Sprechen Sie mit den Erzieherinnen, welche Rituale es im Kindergarten gibt. Vielleicht können Sie einige auch zu Hause anwenden oder einführen.

Alle Vorgänge/Handlungen wiederholen sich im Tagesablauf des Kindergartens täglich und werden für Ihr Kind so zum Ritual. Die

Routinen geben Ihrem Kind Halt, Sicherheit und Vertrauen. Es macht durch und mittels Spiel, Spaß und Gemeinschaft wichtige Erfahrungen, die es für das weitere Leben benötigt. Jedes Kind ist in seiner Entwicklung unterschiedlich weit und hat folglich ein anderes Lerntempo, in dem es Dinge aufnimmt und verarbeitet. Der eine erfasst etwas schneller als der andere. Mit den Wiederholungen wird jedes Kind in seinem Handeln sicherer und gewinnt Vertrauen.

Vielleicht weiß und kann Ihr Kind schon viele Dinge, durch die vielen schönen Kindergartenrituale wird dieses Wissen und Können in der Regel noch verstärkt. Und es gibt Dinge, die Ihr Kind eben nur dort, in der Gemeinschaft der Gleichaltrigen, lernen kann.

Fast alles, was das Kind im Kindergarten lernt, kann es für sein weiteres Leben gebrauchen und auf andere Situationen übertragen. Also freuen Sie sich auf die Kindergartenzeit und seien Sie gespannt auf all die schönen Dinge, die Ihr Kind dort lernt und erfährt.

Vorbereitungen auf den Kindergarten

Der Kindergartenstart steht bald vor der Tür, Sie sind aufgeregt, ob auch alles klappen und Ihr Kind sich an diese neue Situation gewöhnen wird. Es spürt, dass sich etwas verändern wird, kann dies noch nicht so recht einschätzen, weil es keine Idee hat, was ein „Kindergarten“ ist, es kann sich nichts darunter vorstellen.

So können Sie Ihr Kind auf diese bevorstehende Veränderung vorbereiten

Gehen Sie zu den „Kennenlernnachmittagen“ mit Ihrem Kind, so lernt es die Erzieherinnen kennen und weiß schon einmal, wie seine Gruppe aussehen wird.

Vielleicht haben Sie bereits eines der vielzähligen Bücher über den Kindergarten (z.B.: „Conny kommt in den Kindergarten“ von Liane Schneider) mit Ihrem Kind gelesen. Wenn nicht, ist dies ein schönes Ritual, das Buch gemeinsam anzuschauen (sicher unzählige Male).

Wenn Sie es zeitlich schaffen, können Sie den Weg zum Kindergarten zuvor schon einige Male mit Ihrem Kind gehen. Vielleicht gehen Sie den Weg mal morgens, wenn der Kindergarten öffnet, dann treffen Sie auf dem Weg sicher andere Eltern mit ihren Kindern.

Kaufen Sie gemeinsam mit Ihrem Kind für den Kindergarten ein. Sie bekommen meist frühzeitig eine Liste von Dingen, die Ihr Kind brauchen wird, hier einige davon: Kindergartentasche, Butterbrotdose, Gummistiefel, Matschhose, Regenjacke, Wechselkleidung, Hausschuhe etc. Lassen Sie Ihr Kind bei der Auswahl mitaussuchen und -bestimmen (z. B. die Farbe).

TIPP: DAS KINDERGARTENSPIEL

Spielen Sie mit Ihrem Kind Kindergarten, schmieren Sie dafür morgens ein Extrabrot und geben Sie dies Ihrem Kind in einer Tasche mit. Vielleicht ist im Wohnzimmer der Kindergarten, dort bringen Sie es hin. Spielen Sie dann mit ihm die Verabschiedung und den Ablauf im Kindergarten (Spielen, Basteln, Frühstücken etc.). Puppen und Kuscheltiere dürfen bei diesem Spiel gerne mitmachen!

Vergessen Sie nicht, Ihr Kind früh genug auf den neuen Rhythmus einzustellen. Wecken Sie es morgens so, dass es sich schon mal daran gewöhnen kann und keine Schwierigkeiten hat, pünktlich in den Kindergarten zu kommen.

Trennungsängste

Oft sind Trennungsängste gepaart mit Schuldgefühlen. „Wäre ich nicht besser daheim geblieben, anstatt in den Beruf zurückzugehen? Dann könnte mein Kind zu Hause bleiben“ ist ein üblicher Gedanke. In solchen Situationen sind Trennungsängste oft hausgemacht.

Es ist sicher schwer, wenn Eltern erleben müssen, wie schnell sich das Kind von ihnen löst. Aber der Schritt in den Kindergarten bringt auch neue Freiräume. Diese gilt es für Sie nun auszuschöpfen, denn

Ihr Kind erlebt im Kindergarten eine schöne und aktive Zeit. Sie und Ihr Kind sollten sich über die eigene Zeit freuen, diese genießen und sich dann später über Ihre Erlebnisse austauschen.

Doch auch Kinder haben Ängste. Sie können die Dauer ihres Aufenthaltes im Kindergarten nicht einschätzen, haben Angst, dass sie nicht wieder abgeholt werden. Sie müssen erst Sicherheit gewinnen, immer wieder die Verlässlichkeit ihrer Bezugspersonen erfahren. Wichtig für sie ist, stets von der gleichen Person abgeholt zu werden. So können sie kontinuierlich berichten und Vater oder Mutter an ihrem Alltag teilhaben lassen.

„Im Kindergarten habe ich meiner Tochter beim Ausziehen geholfen und gewartet, bis sie ihre Hausschuhe anhatte. Dann haben wir in der Gruppe Bescheid gesagt, dass sie jetzt im Haus ist. Sie hat mich noch schnell bis zur Tür begleitet. Dort gab es eine innige Umarmung, dann bin ich rausgegangen. Von der anderen Seite der Glastür habe ich so lange gewunken, bis sie wieder in ihrer Gruppe verschwunden ist.“

„Da wir jeden Tag dasselbe Programm durchgezogen haben, war die Verabschiedung eine routinierte Situation, und es war immer vorhersehbar, was als Nächstes kam.“

„Natürlich gab es auch bei uns Tage, an denen die Verabschiedung nicht so gut funktionierte. Das passierte dann, wenn mein Sohn sich nicht gut fühlte oder schlecht geschlafen hatte. Aber selbst dann haben wir versucht, unserem Ritual treu zu bleiben. Manchmal hat eine Erzieherin unterstützt, indem Sie meinen Sohn in den Arm genommen und ihn in den Gruppenraum gebracht hat. Alles in allem haben wir so unsere dreijährige Kindergartenzeit ohne größere Spektakel an der Kindergartentür hinter uns gebracht.“

Mit kleinen Ritualen können Sie auch dieser zum Teil anstrengenden Abschiedssituation begegnen, Ihnen beiden damit die Trennung erleichtern und Ihr Kind dann auch mit gutem Gewissen im Kindergarten lassen.

Achten Sie darauf, dass das Verabschiedungsritual jeden Tag dasselbe ist, und ziehen Sie es nicht unnötig in die Länge, nur weil Ihr

Kind mal ein wenig quengelt. Jedes Mal wenn Sie länger bleiben, nur weil Ihr Kind mal etwas quengelt oder weint, spürt es, dass es nur das tun muss, um seinen Willen durchzusetzen. Und garantiert wird es immer wieder auf diese Art reagieren. Bleiben Sie also konsequent, aber natürlich liebevoll!

Verabschiedung an der Kindergartentür

Manchmal kann die Verabschiedung an der Kindergartentür zu einer Zerreißprobe werden. Ihr Kind schreit und klammert sich an Ihnen fest. Der Schweiß läuft Ihnen vor Anspannung und Anstrengung von der Stirn, und Sie hadern mit sich, ob es nicht doch besser wäre, Ihren Job zu kündigen und Ihr Kind zu Hause zu betreuen.

Nein! Vergessen Sie ganz schnell Ihre Gedanken und machen Sie sich keine Sorgen. Fast jedes Kind hat hin und wieder Tage, an denen es nicht in den Kindergarten gehen möchte. Dies hat in der Regel nichts damit zu tun, dass Sie Rabeneltern sind und Ihr Kind unheimlich leidet, weil es in den Kindergarten muss.

> „Bei uns in der ‚Rappelkiste' gibt es die verschiedensten Rituale. Das beginnt schon morgens beim Bringen der Kinder, wenn die Eltern sich zum Quatschen und Kaffeetrinken auf unserem gemütlichen Sofa niederlassen. Die Eltern werden dann von den Kindern ‚rausgeschubst'."

Zu Beginn der Kindergartenzeit fällt es vielen Kindern erst einmal schwer, sich von Mama und Papa zu lösen bzw. zu verabschieden. Mit dem immer gleichen Abschiedsritual wird es von Tag zu Tag besser. Versprochen!

Vielleicht schauen Sie zum Abschied noch ein gemeinsames Buch an oder machen ein Abschiedspuzzle. Ein bewährtes Ritual ist z. B. auch, dass Sie Ihr Kind in oder auf den Arm nehmen und drücken, ihm einen herzlichen Verabschiedungskuss geben und noch einen persönlichen „Tagesbegleiter", wie z. B. eine Kette, ein Tuch, oder

Kuscheltier, welches eigens nur für diese Zeremonie ausgesucht wurde, o. Ä. in die Hand drücken.

Verabschieden Sie sich z. B. mit den Worten: „Ich wünsche dir einen tollen Tag mit viel Spaß (im Kindergarten) und ich freue mich darauf, dich heute Mittag/Nachmittag wieder abzuholen.“ Gehen Sie dann direkt. Winken Sie Ihrem Kind zu und zeigen Sie ihm ein entspanntes, glückliches Gesicht, das es anlächelt.

Begrüßungs- und andere Rituale im Kindergarten

Wahrscheinlich gibt es so viele unterschiedliche Morgenrituale wie Kindergärten ... Viele Abläufe sind immer gleich, so können die Kinder sich besser orientieren, und viele Situationen sind einschätzbarer.

„Nach der Morgenrunde gehen wir mit gemeinsam zum Frühstück. Man setzt sich an den Tisch, alle fassen sich an, und dann gibt es einen ‚Guten-Appetit-Spruch', den ein Kind aussuchen darf. Anschließend wird in Ruhe gegessen. Danach geht es zum Zähneputzen.“

„Um die Kinder für die Kita zu interessieren und damit sie sich mit der Kita identifizieren können, haben wir von Anfang an ein Ritual eingeführt. Dieses wird jeden Tag beim Morgenkreis (natürlich auch ein Ritual!) wiederholt. Wir haben ein eigenes Kita-Lied und drei selbst gemachte Waldwichtel. Diese Wichtel sind bei jedem Morgenkreis dabei. In unserem Logo sind drei Waldwichtel zu sehen. Wir haben wir sie in real in der Kita, und sie sind einzigartig. Die Plüschtiere begleiten uns natürlich auch in der täglichen Arbeit.“

„Wir starten mit den Kindern um 9 Uhr mit einer gemeinsamen Runde in den Tag. Kurz zur Ruhe kommen. Augen schließen. Ohren öffnen. Die Klangschale ertönt. Dann wird durchgezählt, überlegt, wer warum fehlt, welcher Tag heute ist, was ansteht. Danach folgt das Frühstück.“

Häufig gibt es unterschiedliche Begrüßungslieder, bei denen die einzelnen Kinder mit Worten und manchmal auch Aktionen begrüßt werden, wie z. B. „Halli, hallo!".

HALLI, HALLO!

„Halli, hallo! Wie schön, dass ihr da seid. Halli, hallo! Wie schön, dass es euch gibt! Die .... ist da und die ... ist da ... und der ... ist da! Halli, hallo! Wie schön, dass ihr da seid! Halli, hallo! Wie schön, dass es euch gibt!"

Neben diesen Begrüßungsritualen gibt es unzählige Rituale in Kindergärten. Die Erzieherinnen und Erzieher können in der Regel auf einen reichhaltigen Schatz von schönen und funktionierenden Ritualen zurückgreifen. Gerne teilen sie diesen auch mit den Eltern. Wenn Sie also Bedarf an speziellen Ritualen haben oder auch wissen möchten, welche Rituale aus dem Kinderarten Sie zu Hause weiterverwenden können, fragen Sie nach.

Hier noch zwei weitere Rituale aus dem Kindergarten:

„In der Adventszeit zelebrieren die Kinder gerne täglich ihr ‚Teestündchen'. Sie haben die Auswahl zwischen verschiedenen Teesorten und bekommen dafür auch eine große Tasse, wie die Erzieherinnen. Sie genießen es, einen Tee auszusuchen, am Tisch miteinander zu sitzen, langsam den warmen Tee zu schlürfen und zu quatschen. Kinder, die es sonst eilig haben, sitzen geduldig, warten ab, bis der Tee fertig ist, und beteiligen sich an Gesprächen. Es ist für uns Erwachsene schön, ihnen bei diesem Ritual Gesellschaft zu leisten. Gerade in der hektischen Zeit vor Weihnachten kehrt somit ein kleines bisschen mehr Ruhe bei uns ein. Warum wir das nicht immer machen? Die Kinder zeigen uns mit Ihrem Wunsch nach dem Teestündchen in der Adventszeit, dass sie dieses Ritual mit der Winter- und Vorweihnachtszeit in Verbindung bringen. Auch sonst könnten sie jederzeit Tee trinken, aber dann wäre es nichts Besonderes mehr für sie."

„An Geburtstagen wird das Geburtstagskind auf einem ‚Geburtstagstuhl' in den Raum gefahren. Alle singen, es gibt einen Tisch mit Kerzen und Kuchen, ein Geschenk wird versteckt und darf gesucht werden. Diese Tage sind für alle immer wieder besonders, da das Geburtstagskind alles bestimmen darf. Das Essen, einen Ausflug oder etwas Besonderes in der Kita …"

Zurück aus dem Kindergarten

Nach den Stunden der Trennung – durch den Aufenthalt im Kindergarten – holen Sie Ihr Kind freudig aus dem Kindergarten ab. Lächeln Sie es an und laufen Sie ihm entgegen, strecken Sie Ihre Arme aus, damit es Ihnen in die Arme laufen kann. Jetzt, wo Sie wieder vereint sind, lassen Sie sich den vielleicht mitgegebenen „Tagesbegleiter" wieder zurückgeben, denn der ist ja nur für die Trennungsphasen gedacht.

Fragen Sie, ob es Ihnen etwas vom Tag erzählen möchte, z. B.: „Wie war dein Tag?", „Habt ihr etwas Schönes gespielt?", „Mit welchen Kindern hast du zusammen gespielt?" usw.

Loben Sie Ihr Kind, wie toll es den Tag ohne Mama und Papa im Kindergarten verbracht hat. Sprechen Sie motivierend mit ihm über den Tag.

Vorschulkinder

Das letzte Jahr vor der Einschulung ist Ihr Kind ein Vorschulkind. Sie werden merken, dass sich im Kindergarten das Angebot für die Vorschulkinder deutlich verändert. Es wird darauf hingearbeitet, dass alle Kinder einen guten Start in die Schule haben. Es gibt dann Angebote wie den „Bleistiftführerschein", ein „Schulwegtrainig" oder die „Zahlendetektive". Natürlich variieren die Angebote von Kindergarten zu Kindergarten. Aber Kommunen übergreifend finden sogenannte „Sprachstandserhebungen“ statt, da alle Kinder zur Einschulung über einen angemessenen Sprachschatz verfügen müssen. Wenn bei diesen Erhebungen festgestellt wird, dass ein Kind noch Defizite hat, wird es vor der Einschulung ausreichend gefördert.

Auch finden Schuleingangsuntersuchungen statt, in den getestet wird, ob jedes der Kinder von der körperlichen und der kognitiven Seite her ausreichend entwickelt ist, um den Anforderungen der Schule gerecht zu werden. In manchen Schulen findet ein sogenanntes „Schulspiel“ statt, bei welchem die Vorschulkinder unterschiedliche Einzel- oder Gruppenaufgaben in der zukünftigen Schule bewältigen müssen. Dabei werden sie von bekannten Erziehern beobachtet. So verschaffen sich die zukünftigen Lehrer einen Überblick darüber, ob bei dem einzelnen Kind zur Einschulung Förderbedarf besteht oder eher nicht.

Für Ihr Kind ist dies eine ganz spannende Zeit, es merkt, dass eine große Veränderung ansteht und dass das gewohnte Umfeld des Kindergartens bald nicht mehr zu seinem Leben dazugehören wird. Für Ihr Kind ist wahrscheinlich vollkommen unklar, was es bedeutet, in die Schule zu gehen. Als meine Tochter in diesem Alter war, haben wir regelmäßig Schule gespielt, damit sie eine Idee davon bekommen konnte, wie so ein Schultag in etwa abläuft. Auch im Spiel gab es verschiedene Unterrichtsfächer, in denen fleißig „gelernt“ wurde, und die Pausen dienten dem Verzehr der Pausenbrote und dem Spielen mit den anderen Kindern auf dem Schulhof. Mit einem solchen Spiel können Sie Ihrem Kind sehr gut die Angst vor der neuen Situation nehmen.

„Bei uns in der Kita gibt es, insbesondere für die Vorschulkinder, extra Aufgaben. Wir möchten ihnen damit mehr Verantwortung übertragen und ihnen zeigen, dass wir ihnen das auch zutrauen. Die Vorschulkinder finden sich so schneller in der neuen Altersphase zurecht und fühlen sich ‚groß'. Diese Aufgaben werden wöchentlich in der Vorschule neu verteilt. Unter anderem ist auch der Telefondienst dabei. Wenn es klingelt, geht ein Kind ran und meldet sich ...“

Ende der Kindergartenzeit

Wenn die Kindergartenzeit zu Ende ist, ist der erste wichtige Meilenstein im Leben Ihres Kindes abgeschlossen. Es wird nämlich ein richtiges Schulkind, das bedeutet, dass es kein kleines Kindergartenkind mehr ist, sondern immer größer und selbstständiger wird.

Das Ende der Kindergartenzeit wird meist sehr ausgiebig im Kindergarten gefeiert.

„Bei uns machen die ‚Schulkinder' einen Tagesausflug, im Anschluss daran werden alle Eltern und Großeltern zu einem Fest in den Kindergarten eingeladen, dort wird dann gemeinsam gegrillt. Nach dem Essen bekommen die Kinder ein Abschiedsgeschenk in ihrer jeweiligen Gruppe, ein Buch mit vielen Bildern, die sie gemalt und gebastelt haben und Fotos von gemeinsamen Aktionen und Feiern im Kindergarten. Im Anschluss daran führen die Kinder ein vorher einstudiertes Theaterstück auf. Danach werden wir Eltern ‚rausgeschmissen', weil wir mit den Kindern noch eine Übernachtungsparty im Kindergarten machen."

Auch Sie als Eltern können diesen wichtigen Schritt mit dem einen oder anderen Ritual besiegeln.

Bislang hatte Ihr Kind z. B. eine Kindergartentasche, die es täglich mit zum Kindergarten genommen hat. Vielleicht überlegen Sie nun gemeinsam, ob es diese Tasche noch braucht oder Sie ob die Tasche vielleicht einem Kind, das sie gut gebrauchen könnte, schenken wollen.

TIPP: KINDERGARTENALBUM

Wie wäre es, wenn Sie Ihrem Kind ein tolles buntes, glitzerndes Album basteln mit vielen Erinnerungen aus der Kindergartenzeit? Unter anderem mit Fotos von verschiedenen Kindergartenveranstaltungen, besonders schönen Bildern oder Basteleien und Zertifikaten von Aktionen, die im Kindergarten durchgeführt wurden. Damit hat Ihr Kind auf jeden Fall ein schönes Andenken an diese schöne Zeit.

ENDLICH GEHT ES IN DIE SCHULE!

Helfen Sie mit guten Ritualen und hilfreichen Regeln, die Schulzeit zu einem schönen und erfolgreichen Erlebnis werden zu lassen! Wie das geht, lesen Sie in diesem Kapitel.

Es geht so schnell: Kaum sind die Kinder geboren, sind sie schon im Kindergarten und danach in der ersten Klasse. Die Schulzeit ist sicherlich eine der gravierendsten Veränderungen im Leben eines Kindes. Von nun an verbringen die Kinder gefühlt mehr Zeit mit den Lehrern in der Schule als mit Ihnen als Eltern zu Hause. Ein liebevolles und unterstützendes Elternhaus kann Ihrem Kind den Schulbesuch ungemein erleichtern. Bereiten Sie es allmählich vor, indem Sie beispielsweise über Ihre eigene Schulzeit erzählen. Erzählen Sie nicht von Ihren schrecklichen Erlebnissen oder den vielen Mathearbeiten und wie doof der Chemielehrer war. Versuchen Sie sich zu erinnern, was Sie Tolles erlebt und erlernt haben, welche Freunde Sie kennengelernt haben, wie schnell die Schulzeit vorbei war und wie klasse sie eigentlich war.

Vorbereitungen auf den ersten Schultag

Viele Schulen bieten Kennenlernnachmittage für die neuen Schüler in den jeweiligen Klassen an. An diesen Nachmittagen lernt Ihr Kind schon die Klassenlehrerin oder den Klassenlehrer kennen, kann sich das Klassenzimmer anschauen und sehen, welche anderen Kinder noch in seine Klasse gehen werden. Oft werden an diesen Nachmittagen Kennenlernspiele gemacht. Vielleicht werden auch schon die Sitzplätze verteilt und die ersten Freundschaften geschlossen. Wenn es an der zukünftigen Schule Ihres Kindes ein solches Angebot gibt, nehmen Sie dieses auf jeden Fall wahr, denn so können kleinere Ängste, die Ihr Kind bestimmt hat, schon vor dem ersten Schultag aus dem Weg geräumt werden. Und es wird wahrscheinlich wenig oder keine Tränen am ersten Schultag geben, da Ihr Kind ja schon weiß, was es erwarten kann.

Zur Vorbereitung auf den ersten Schultag gehört natürlich auch das Üben des Schulweges. Je nachdem, wo Sie wohnen, kann Ihr Kind vielleicht schon alleine zu Fuß zur Schule gehen. Dies können Sie gut in den Ferien vor der Einschulung trainieren. Vielleicht gibt es ja noch andere Kinder, die denselben Schulweg haben, dies gibt Ihnen und Ihrem Kind vielleicht ein wenig mehr Sicherheit in den ersten Wochen. Und natürlich dürfen Sie es in der ersten Zeit auch ruhig auf seinem Weg begleiten.

Die Schultüte

Basteln Sie gemeinsam mit Ihrem Kind die Schultüte für den großen Tag. In vielen Kindergärten gibt es dafür ein Bastelangebot für Kinder mit ihren Eltern. Ihr Kind darf sich dafür die Farben und das Design der Schultüte aussuchen, gemeinsam schneiden Sie die Einzelteile dann aus und kleben sie zusammen. Wenn die Schultüte fertig ist, sollten Sie diese bis zum ersten Schultag an einem sicheren Ort verwahren, damit sie nicht kaputtgeht, bevor der erste Gang zur Schule stattfindet.

Am Tag vor der Einschulung befüllen Sie die Schultüte (heimlich) mit verschiedenen Dingen, am besten mit Sachen, die nicht schwer sind, denn Ihr Kind wird die Schultüte unbedingt selber tragen wollen.

Hier ein paar Dinge, die gut in die Schultüte passen:

IDEEN FÜR DIE SCHULTÜTE

- besondere Stifte
- eine Armbanduhr
- ein kleines Kuscheltier
- Aufkleber
- ein Comicheft
- eine Tüte Mausespeck oder andere Süßigkeiten

...

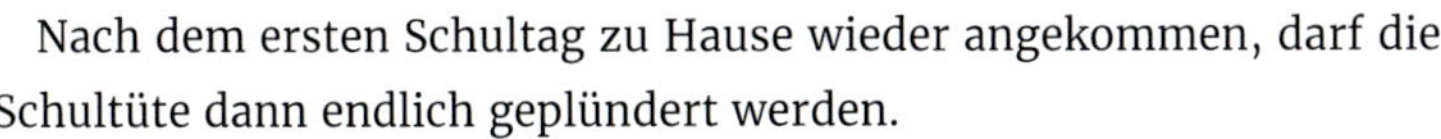

Nach dem ersten Schultag zu Hause wieder angekommen, darf die Schultüte dann endlich geplündert werden.

Die Einschulung

Die Einschulung ist für alle Kinder ein ganz wichtiger Schritt in Richtung „Großwerden". Auf dem Weg zur Einschulung liegen noch viele andere Stationen, die auf diesen großen Tag hinarbeiten.

Eine wichtige Station ist der Schulranzenkauf. In vielen Familien ist es normal, dass dieser von den Großeltern gekauft wird, was natürlich eine schöne Tradition ist und auch den Geldbeutel entlastet, da ein guter Schulranzen ziemlich teuer ist. Achten Sie aber trotzdem darauf, dass Ihr Kind den Schulranzen vorher aufprobiert, denn nicht jedes Modell jeder Firma ist für jedes Kind geeignet. Oft finden in den Kindergärten auch sogenannte „Ranzenpartys" statt, zu denen Fachverkäufer mit sämtlichen gängigen Marken kommen und jedes Kind unterschiedliche Modelle aufprobieren kann. Die Mitarbeiter beraten Sie als Eltern professionell, welches Modell am besten zu Ihrem Kind passt. Lassen Sie Ihr Kind auch bei der Wahl des Designs mitentscheiden, heutzutage gibt es fast jedes Modell in den unterschiedlichsten Farbvariationen, sodass eigentlich jedes Kind einen Ranzen finden sollte, der ihm gefällt.

Der Tag der Einschulung ist ein aufregendes Erlebnis für Sie und Ihr Kind. Vielleicht kaufen Sie ihm für diesen besonderen Tag auch ein neues Outfit oder T-Shirt, das es sich selber aussuchen darf. Eventuell laden Sie die Großeltern ein, diesen Weg gemeinsam mit Ihnen zu gehen. Treffen Sie sich vorher, machen Sie ein paar schöne Fotos als Andenken und gehen Sie dann gemeinsam zur Schule.

Oft werden an diesem Tag von der Schule ein Einschulungsgottesdienst oder eine Einschulungsfeier organisiert, sodass dieser besondere Tag auch einen angemessenen Rahmen bekommt. Ermutigen Sie Ihr Kind, die ersten Schritte in diesem neuen Lebensabschnitt alleine zu gehen. Vielleicht hat es Freunde, die miteingeschult werden, dann fallen die ersten Schritte ganz leicht.

Oft gibt es an dem ersten Schultag nur eine Unterrichtsstunde, in der die Schüler ihre neue Klasse etwas genauer kennenlernen können. Kurz darauf gehen die Schüler auch schon wieder zu ihren Eltern und nach Hause.

Überlegen Sie im Vorfeld mit Ihrem Kind, ob es an diesem Tag etwas Besonderes machen möchte. Als unsere Tochter eingeschult wurde, haben wir mittags im Kreise der Familie gegrillt und dann noch Freunde mit ihren Kindern zum Kuchenessen eingeladen.

Wie war es denn heute in der Schule?

Wenn die Schule langsam zum normalen Alltag wird, dann gilt auch wieder für die Eltern: Aufpassen und das richtige Verabschiedungsritual verwenden.

Wenn Sie Ihr Kind zur Schule verabschieden, geben Sie ihm ein Abschiedsküsschen und eine schöne und fröhliche Abschiedsformel mit auf den Weg.

Verwenden Sie nicht die typischen „Pass gut auf, was der Lehrer sagt!“ oder „Jetzt aber los, sonst kommst du schon wieder zu spät und der Lehrer schimpft mit dir!“ oder „Hoffentlich wird diese Klassenarbeit endlich mal besser!“

Also wünschen Sie lieber:

- „Viel Spaß in der Schule!"
- „Ich bin gespannt, was du heute alles Neues erfährst und berichten kannst!"
- „ Eine tolle Zeit in der Schule!"

Wichtig ist, dass die Verabschiedungsformel eine positive und stärkende Wirkung innehat. Es ist doch nicht schön, mit den Gedanken an die Mathearbeit verabschiedet zu werden, oder gar morgens zerstritten auseinanderzugehen.

Auch das Begrüßungsritual nach der Schule sollte wieder freundlich und positiv sein. Begrüßen Sie Ihr Kind nie mit „Habt ihr eure Klassenarbeiten zurück?" oder „Nicht so laut!!!!" oder „Wie siehst du denn aus!". Möchten Sie so nach einem anstrengenden Arbeitstag begrüßt werden? Eher nicht, also wie wäre es mit einem „Herzlich willkommen, der Tisch ist gedeckt und die Köstlichkeiten des Orients warten darauf, von dir verspeist zu werden!" – dazu ein Küsschen, und die Welt ist in Ordnung. Egal, wie die Schule war.

Lassen Sie Ihr Kind also erst einmal ankommen, eine Kleinigkeit essen und trinken. Nach dem Mittagessen oder Abendbrot ist immer noch genügend Zeit, in der man aus der Schule berichten kann. Wenn Ihr Kind natürlich sofort die neuesten Infos und Ereignisse loswerden möchte, dann hören Sie gut zu und stoppen Sie es bloß nicht!

> „Wenn meine Tochter aus der Schule nach Hause kommt, wird als Erstes der Schulranzen weggestellt, dann werden Schuhe und Jacke ausgezogen. Es eine dicke Umarmung, und ich lasse mir vom Schultag berichten. Ich erfahre, welche Fächer sie hatte, was sie in den einzelnen Fächern gemacht hat, wie es mit den anderen Kindern aus der Klasse gelaufen ist und ob es irgendwelche wichtigen Informationen von den Lehrern für uns Eltern gibt. Dieses Ritual ist mir sehr wichtig, zum einen, um meiner Tochter zu signalisieren, wie wichtig sie mir ist, und zum anderen, um den Überblick darüber nicht zu verlieren, was gerade in der Schule Thema ist."

Es gibt Kinder, die von sich aus gerne und viel erzählen, und natürlich gibt es auch Kinder, denen man jedes Wort aus der Nase ziehen muss.

Falls Sie beruflich viel unterwegs sind, haben Sie tagsüber meist nicht so viel Zeit. Deshalb könnten Sie es vielleicht zu einem schönen Ritual machen, abends im Bett, nach dem Vorlesen, noch einmal den Tag zu reflektieren. Erzählen Sie Ihrem Kind, was Sie so über den Tag alles erlebt haben, und lassen Sie sich von Ihrem Kind erzählen, wie es in der Schule war, was positiv gelaufen ist bzw. was nicht so schön war.

An Tagen, an denen Sie nicht ganz so viel arbeiten, kann dieser Austausch natürlich auch schon beim gemeinsamen Mittagessen stattfinden.

Hausaufgaben – so geht es leichter und effektiver

Hausaufgaben sind bei vielen Familien ein großer Streitpunkt. Eventuell erinnern Sie sich auch noch gut daran, wie ungern Sie selber Hausaufgaben gemacht haben.

Vielleicht haben Sie aus der Erfahrung gelernt, dass es nicht sinnvoll ist, die Hausaufgaben lange hinauszuzögern, denn je später es wird, desto niedriger ist die Konzentrationsfähigkeit bei den meisten Kindern.

Wichtig ist es eigentlich, dass auch die Hausaufgaben einen ganz festen Zeitpunkt im Tagesablauf haben. Und daran sollte nach Möglichkeit immer festgehalten werden. Natürlich gibt es auch mal eine Ausnahme, wenn z. B. ein Kindergeburtstag ist.

„Bei uns darf sich unser Sohn nach dem Mittagessen erst eine halbe Stunde ausruhen, spielen oder was immer er gerne tun möchte. Aber dann sind die Hausaufgaben dran.“

Damit die Hausaufgaben noch besser klappen, können Sie diese ganz leicht an ein Belohnungssystem koppeln. Führen Sie beispielsweise einfach einen Hausaufgabenplan ein. Hierzu machen Sie an jedem Tag, an dem die Hausaufgaben gut klappen (ohne Gezeter und auch ordentlich gemacht), einen Stempel auf den Plan. Wenn der Plan am Ende der Woche mehr Tage mit Stempeln als ohne hat, unternehmen Sie gemeinsam etwas Schönes (Schwimmen gehen, einen Zooausflug oder im Winter auch mal zu einem Indoorspielplatz).

Meist wird die Hausaufgabensituation durch dieses leichte Ritual deutlich entspannter.

Wenn Ihr Kind in den Hort geht, ist es ebenfalls wichtig, dass Sie ein festes Ritual für die Rückkehr aus dem Hort haben. Hausaufgaben und Mittagessen sind meist schon im Hort erledigt. Vielleicht führen Sie eine gemeinsame Kakaostunde ein, wenn Ihr Kind nachmittags nach Hause kommt. Lassen Sie sich von seinen Erlebnissen berichten und vielleicht die eine oder andere Hausaufgabe zeigen. Falls es noch Unklarheiten gibt oder für eine Klassenarbeit geübt werden muss, können Sie einen Plan für den restlichen Nachmittag machen. Hierbei sollten Sie nicht vergessen, auch einen schönen Teil einzubauen, zum Beispiel mit den Freunden verabreden oder draußen spielen.

Schulangst: Leistungsdruck und Lernblockaden mit Ritualen besiegen

Es gibt Kinder, die von Natur aus weniger Schwierigkeiten haben, sich auf neue Situationen einzustellen und sich eine Menge trauen. Aber auch diese „mutigen“ Kinder können von der Schulangst überrollt werden. Sehr schüchterne Kinder hingegen leiden schnell mal unter Schulangst. Als Erstes ist es natürlich immer wichtig, dass Sie versuchen herauszufinden, ob es einen Auslöser bzw. einen Grund für diese Schulangst gibt. Probieren Sie, mit Ihrem Kind zu reden, vielleicht erzählt es Ihnen ja, was der Grund ist. Oder fragen Sie bei der Klassenlehrerin nach, wenn Sie aus Ihrem Kind nichts herausbekommen oder aber sich nicht sicher sind, inwieweit das Gesagte der Wahrheit entspricht. Das soll natürlich nicht heißen, dass Sie Ihrem Kind immer misstrauen sollen, doch Kinder in diesem Alter haben eine blühende Fantasie. Wenn ich manchmal meine Tochter erzählen höre, was alles in der Schule passiert sein soll … Das fängt bei Erzählungen über Streitereien an und hört bei Geschichten wie „Heute haben wir einen echten Puma auf dem Schulhof gesehen …“ auf. Manchmal ist es nun einmal besser, sich eine zweite Version der Geschichte anzuhören, Sie kennen Ihr Kind am besten und können dann am ehesten abschätzen, was nun wirklich der Wahrheit entspricht.

Wenn Sie dem Grund auf die Schliche gekommen sind, müssen Sie Ihr Kind bestärken, dass es alle Schwierigkeiten lösen kann. Nur wie schaffen Sie das am besten? Probieren Sie doch einfach mal einen der folgenden Vorschläge aus und entwickeln Sie dann zusammen mit Ihrem Kind Ihr eigenes Ritual.

! TIPP: ÄNGSTE BESIEGEN

Ängste verschwinden lassen
Lassen Sie Ihr Kind seine Ängste aufschreiben oder aufmalen und zerreißen Sie diesen Zettel hinterher symbolisch als Zeichen dafür, dass diese Ängste nun verschwinden.

Selbstverteidigungskurs
Gehen Sie mit Ihrem Kind zu einem Selbstverteidigungskurs. Der steigert das Selbstbewusstsein, und Ihr Kind wird sich auch körperlich kräftiger fühlen und wissen, dass es sich in unangenehmen Situationen wehren kann.

Rollenspiel
Üben Sie anhand von Rollenspielen, wie Ihr Kind sich in unangenehmen Situationen anders verhalten könnte, bis es sich irgendwann sicher in dieser Situation fühlt.

Zauberstein
Lassen Sie Ihr Kind einen „Zauberstein" aussuchen, den es mit in den Schulranzen tun kann. Dieser „Zauberstein" gibt ihm Kraft und beschützt es vor allem Unangenehmen.

Hannes Strohkopp (Geschichte von Michael Ende)
Kennen Sie noch die wunderschöne Geschichte „Hannes Strohkopp und der unsichtbare Indianer" von Michael Ende? Hannes Strohkopp geht es in der Schule und zu Hause nicht gut, bis ihm sein Onkel aus dem Urwald ein magisches Feuerpulver schickt ... Vielleicht entwickeln Sie gemeinsam mit Ihrem Kind ein Ritual ähnlich wie in der Geschichte, das Ihrem Kind bei seiner Angst helfen kann? Aber lesen Sie am besten selber nach.

Wenn Sie feststellen, dass bestimmte Dinge oder Verhaltensweisen besonders gut funktionieren, dann machen Sie doch einfach ein schönes Ritual daraus!

Und das Allerwichtigste: Zeigen Sie Ihrem Kind immer und immer wieder, dass Sie es mit all seinen Ängsten und Sorgen ernst nehmen und es sehr lieb haben.

Angst vor der Klassenarbeit? Das Ritual der richtigen Vorbereitung

Auch für Klassenarbeiten und Prüfungen gibt es Rituale. Die können bei einer festen Zubettgehzeit beginnen, über ein bestimmtes Frühstück, ein spezielles Kleidungsstück oder, wie oben im Kapitel „Selbstvertrauen" beschrieben, bis zum Aufstellen einer Kerze in der Badewanne gehen. Wichtig ist, dass alle an Ihr Kind glauben und Sie es dadurch bestärken und ihm vermitteln, dass es das schafft.

SO UNTERSTÜTZEN SIE IHR KIND BEI DER VORBEREITUNG AUF EINE KLASSENARBEIT

Zeigen Sie Ihrem Kind, dass Sie es lieb haben, egal welche Schulnoten es hat! Wenn Sie Druck ausüben, wirkt sich dies demotivierend auf Ihr Kind aus.

Wenn Sie merken, dass Ihr Kind fleißig für eine Klassenarbeit gelernt hat und es dennoch eine schlechte Note bekommen hat, belohnen Sie es trotzdem dafür, dass es fleißig gelernt hat, und ermutigen Sie es, dass es beim nächsten Mal sicher wieder besser klappt.

Schaffen Sie eine gute Lernatmosphäre. Wenn Ihr Kind in einem total chaotischen Zimmer bei Lärm lernen und Hausaufgaben machen muss, kann das nicht funktionieren. Sorgen Sie dafür, dass es an einem aufgeräumten Tisch lernen kann und dabei nicht unnötig gestört wird.

Sorgen Sie für frische Luft! Das Gehirn braucht Sauerstoff zum Arbeiten. Vielleicht überreden Sie Ihr Kind, vor dem Lernen erst eine kleine Runde draußen zu spielen. Oder sorgen Sie mindestens für ausreichend Frischluft im Zimmer.

Wenn Ihr Kind Schwierigkeiten hat, sich selbst beim Lernen zu strukturieren, arbeiten Sie mit ihm zusammen einen Lernplan für die gesamte Woche aus, achten Sie dabei darauf, dass Ihr Kind genug Zeit zum Spielen und zum Ausüben von Hobbys hat, denn ohne diesen positiven Ausgleich wird ihm das Lernen deutlich schwerer fallen.

Manche Kinder lernen mit allen Sinnen. Sie könnten z. B. eine Duftkerze, die Ihr Kind gerne riecht, zum Lernen aufstellen. Dies löst direkt positive Gefühle bei Ihrem Kind aus. Oder lassen Sie im Hintergrund ganz leise eine ruhige Musik laufen. Stellen Sie Ihrem Kind zum Lernen etwas zu trinken und vielleicht etwas Obst hin.

Manche Kinder haben Schwierigkeiten, sich aufs Lernen zu konzentrieren, da sie ihren Kopf nicht von anderen Dingen freibekommen. Dann hilft es manchmal, vor den Lerneinheiten eine kurze Entspannungseinheit, wie z. B. eine Fantasiereise, zu machen.

Wenn Ihr Kind für eine Klassenarbeit lernen muss und Schwierigkeiten hat, mit dem Lernen zu beginnen, da es sehr viel Lernstoff ist, ist es ratsam, wenn Sie den Stoff mit Ihrem Kind gemeinsam in kleinere

Lerneinheiten unterteilen. Wenn Sie dies regelmäßig mit Ihrem Kind üben, wird es diese Technik später alleine anwenden können.

Karteikästen können beim Lernen ebenfalls sehr gut helfen. In den meisten Schulen wird das Lernen damit schon frühzeitig gezeigt und praktiziert.

Ende der Grundschulzeit und Übertritt in die weiterführende Schule

Wenn die Grundschulzeit Ihres Kindes sich langsam dem Ende zuneigt, stehen erneut viele Veränderungen an. Welche weiterführende Schulform und welche Schule soll Ihr Kind besuchen? Hier finden Sie einige Hinweise, wie Sie die richtige Schule finden und wie Sie Ihr Kind optimal auf diese Veränderungen vorbereiten können.

WIE FINDEN SIE DIE PASSENDE SCHULE FÜR IHR KIND?

Lassen Sie sich von den Lehrern Ihres Kindes beraten. Diese können am besten einschätzen, für welchen Schultyp Ihr Kind am ehesten geeignet ist.

Besuchen Sie die Schnuppernachmittage der weiterführenden Schulen. Schauen Sie sich dort gemeinsam mit Ihrem Kind um und achten Sie insbesondere darauf, wie Sie und Ihr Kind sich dort fühlen. Meist verrät der erste Eindruck schon eine Menge. Hilfreich können auch Probestunden sein.

Ein weiterer Faktor ist häufig die Erreichbarkeit der Schule. Ideal ist es, wenn Ihr Kind ohne größeren Aufwand mit dem Fahrrad oder dem Bus zu der Schule gelangen kann. Wenn es mehr als eine Stunde vor und nach der Schule mit unterschiedlichen öffentlichen Verkehrsmitteln unterwegs ist, könnte dieses langfristig die schlechtere Schulwahl sein.

Für Ihr Kind ist es sicher sehr wichtig, mit seinem Freunden gemeinsam auf die weiterführende Schule zu gehen.

Wenn die letzten Wochen in der Grundschule eingeläutet werden, herrscht oft Wehmut unter den Kindern: Vier lange Jahre wurden sie intensiv von einer Bezugsperson in der Schule unterrichtet und an das Schulleben herangeführt, und jetzt ist diese schöne Zeit vorbei. Akzeptieren Sie, dass auch das ein oder andere Tränchen fließen wird. Überlegen Sie vielleicht gemeinsam im Klassenverbund, der Klassenlehrerin oder dem Klassenlehrer ein Abschiedsgeschenk als Andenken zu machen.

WAS KOMMT ZUM SCHULWECHSEL SONST NOCH ALLES AUF SIE ZU?

- Trainieren Sie den neuen Schulweg in den Schulferien, üben Sie diesen wenn erforderlich zu verschiedenen Zeiten und an verschiedenen Wochentagen.
- Wenn Ihr Kind in Zukunft mit dem Fahrrad zur weiterführenden Schule fährt, erkundigen Sie sich frühzeitig, ob nicht noch andere Kinder aus Ihrem Viertel einen ähnlichen Schulweg haben, damit die Kinder gemeinsam fahren können.

„Wir haben uns früher immer an verschiedenen Ecken getroffen, sodass wir zum Teil mit mehr als acht Kindern eine Teilstrecke mit dem Fahrrad zusammen gefahren sind."

- Schon vor Schulbeginn erhalten Sie eine Liste mit Büchern und anderen Materialien, die Sie zum Schulstart besorgen müssen. Erledigen Sie dieses nach Möglichkeit gemeinsam mit Ihrem Kind. Vielleicht in Verbindung mit einem Besuch in der Eisdiele, um diesen Schritt des Wechsels der Schule noch mal gebührend zu unterstreichen.
- Da Ihr Grundschulkind nun größer ist als bei seiner Einschulung und vielleicht auch einen etwas anderen, erwachseneren, Geschmack hat, können Sie eventuell gemeinsam einen neuen Schulranzen oder einen Schulrucksack besorgen, der den Wechsel und die Veränderung noch einmal unterstreicht. Zum neuen Ranzen gehört natürlich auch ein neues Federmäppchen, vielleicht will Ihr Kind nun lieber zu einer „Schlamperrolle" wechseln, lassen Sie es auch hier unbedingt mitbestimmen.

- Bereiten Sie Ihr Kind darauf vor, dass an der neuen Schule sicherlich ganz andere Regeln herrschen als an der Grundschule und dass es jetzt nicht mehr eines der „großen“ Kinder ist, sondern eines der „kleinen“. Eine andere mögliche Veränderung können auch die Schulzeiten sein. Vielleicht gibt es nun den ersten Nachmittagsunterricht. Auch kann die gesamte Pausenordnung anders sein als vorher.

„Für mich war die größte Veränderung damals, dass ich plötzlich aufstehen musste, wenn ein Lehrer das Klassenzimmer betrat, um diesen mit einem lauten ‚Guten Morgen, Herr Wippermann' zu begrüßen.“

URLAUB UND FERIEN

Die Urlaubszeit ist eine der Zeiten mit den größten Erwartungen. Es soll der tollste Urlaub werden, man will viel erleben und mit den Kindern unternehmen. Es soll aber auch genügend Zeit für die Elternbeziehung sein. Mit kleinen Ritualen rund um die Urlaubszeit macht der Urlaub noch mehr Spaß!

Überlegen Sie sich eigene schöne Rituale, mit denen Sie die Ferien gemeinsam mit Ihrem Kind beginnen können ... Das kann auch schon das frühzeitige Kofferpacken sein, das gemeinsame Schmökern im Reiseführer oder das Nachschauen der Reiseroute auf der Landkarte.

„Wir haben die Ferienzeit damit eingeläutet, dass wir am letzten Schultag gemeinsam Pizza essen waren. Diese Tradition pflegten auch andere Familien, sodass man immer wieder bekannte Gesichter sah."

„An einem der ersten Ferientage haben wir immer gemeinsam den Schulranzen aufgeräumt. Bücher und Hefte, die nicht mehr benötigt wurden, ausgeräumt und anschließend den Schulranzen weit weggeräumt, sodass man in den Ferien auch wirklich nicht an die Schule denken musste!"

„Zum Ferienstart durfte unsere Tochter immer eine Gartenparty feiern, dazu hat sie viele Freundinnen eingeladen, die Kinder haben draußen im Pool geplanscht und zum Abschluss wurde noch gemeinsam gegrillt. Viele Kinder fahren ja in den Ferien weg, so war das noch einmal eine gute Gelegenheit, sich von den Freunden zu verabschieden."

Zeugnisse

Vor den Sommerferien gibt es noch die Zeugnisse. Wie immer, wenn es gute Noten gegeben hat, sollten diese auch gebührend gewürdigt werden. Schließlich hat Ihr Kind ja etwas Tolles geleistet! In manchen Familien gibt es für gute Noten Geld oder eine Kinokarte oder auch einen dicken Kuss. Auf jeden Fall sollte die Leistungen und Bemühungen entsprechend anerkannt werden. Letztere zeigen sich manchmal nicht nur in super Noten, sondern manchmal auch schon in sehr kleinen Verbesserungen.

Und wenn Sie sich für eine Belohnungsform entschieden haben, dann sollten Sie diese auch in den kommenden Jahren beibehalten – als Ritual.

Wenn das Zeugnis nicht ganz so toll gewesen ist, dann kann es auch ein schönes Ritual sein, das „schlechte Zeugnis" gemeinsam mit dem Kind demonstrativ in die unterste Schublade des Schreibtisches zu legen und zu sagen: „Jetzt haben wir erst einmal Ferien – wie das im nächsten Schuljahr besser laufen kann, schauen wir uns gemeinsam vor dem nächsten Schuljahr an!" Hier hoffen wir natürlich für alle Beteiligten, dass dieses wiederum nicht zum Ritual wird!

Auf große Fahrt

Ferien zu haben bedeutet in vielen Familien, in den Urlaub zu fahren.

„In den Ferien in Holland haben wir immer eine Sandburg um unseren Liegeplatz gebaut und diese mit Muscheln geschmückt."

Für uns Erwachsene überwiegt meist die Freude darüber, ein neues Land kennenzulernen und einfach mal vom Alltag abschalten zu können. Für Kinder kann der Urlaub in einem fremden Land schlimmstenfalls „ein blöder Urlaub" werden, weil keine Freunde dabei waren. Kinder sind in der Regel Gewohnheitstiere, sie fühlen sich dort wohl, wo sie sich auskennen und wo sie wissen, was sie erwartet.

Natürlich gibt es Kinder, die von Natur aus sehr abenteuerlustig sind. Diesen wird ein Trip ins Ausland wahrscheinlich viel besser gefallen als Kindern, die eher schüchtern und zurückhaltend in neuen Situationen sind.

Bereiten Sie Ihr Kind gut auf den geplanten Urlaub vor, schauen Sie sich vielleicht vorher gemeinsam einen Reiseführer an, damit Ihr Kind sich schon ein Bild davon machen kann, wie es in dem Urlaubsland aussieht. Vielleicht können Sie vor dem Urlaub mit Ihrem Kind überlegen, was für Ausflüge Sie gemeinsam im Urlaubsland machen können. Mit älteren Kindern können Sie einen Atlas oder Globus zu Rate ziehen und gemeinsam schauen, wo sich das Urlaubsland oder der Urlaubsort befindet.

Möglicherweise gibt es auch ein Restaurant des Landes oder der Region, in die Sie in Urlaub fahren, in Ihrer Nähe. So bekommen Sie und Ihr Kind schon vorab einen kleinen Einblick in die landestypische Küche. Vielleicht gibt es in dem Restaurant Landsleute, die Sie oder Ihr Kind nach dem Ferienort fragen können.

Oder Sie nehmen sich ein entsprechendes Kochrezept und kochen selber etwas Landestypisches. Hierbei könnte auch eine (selbst gebastelte) Fahne aus dem Urlaubsland als Dekoration dienen.

Ich packe in meinen Koffer

Bevor es dann letztendlich in den Urlaub geht, sollten Sie gemeinsam mit Ihrem Kind seinen Koffer packen. Lassen Sie es mitentscheiden, was es einpacken möchte, achten Sie aber darauf, dass genug wetterangepasste Kleidungsstücke eingepackt werden.

WAS GEHÖRT NOCH IN DEN KOFFER?

Spielsachen – ein paar Bücher zum Vorlesen und angucken, vielleicht kleinere Gesellschaftsspiele und Malsachen. Das Lieblingskuscheltier muss natürlich auf jeden Fall mit – es gibt Sicherheit, wenn Ihr Kind Heimweh bekommen sollte.

In einem fremden Land

In einem fremden Land ist erst einmal alles anders. Es sieht fremd aus, riecht ungewohnt und die Leute sprechen vielleicht eine andere Sprache. Dies kann erst einmal etwas beängstigend auf Ihr Kind wirken. Geben Sie ihm Zeit, sich in Ruhe umzuschauen. Wenn Sie erst abends ankommen, schicken Sie Ihr Kind am besten – selbst wenn es die gewohnte Schlafenszeit ist – nicht direkt ins Bett, sondern erkunden Sie gemeinsam die Ferienunterkunft. Schauen Sie sich an, wer wo schläft und wo das Bad ist. Denn nichts ist schlimmer, als nachts wach zu werden und überhaupt nicht zu wissen, wo man ist.

> „Wenn wir in den Urlaub fahren, packen wir auch als Erstes den Koffer komplett aus. Jeder macht das mit seinen Sachen selber, damit er weiß, wo seine Sachen zu finden sind. Nur bei der Kleidung unterstütze ich meinen Sohn, bevor hinterher alles zerknüllt in einer Ecke liegt."

Um den Urlaub in einem fremden Land gebührend einzuläuten, können Sie auch mit Ihrem Kind am ersten oder spätestens am zweiten Tag landestypisch essen gehen.

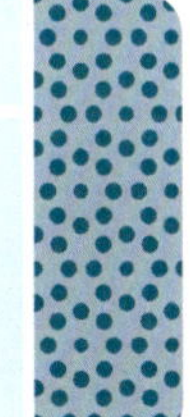

DAS „WAS IST ANDERS, WAS IST GLEICH"-SPIEL

Kennen Sie das „Was ist anders, was ist gleich"-Spiel? Kinder lieben es! Das geht so: Gehen Sie gemeinsam mit Ihrem Kind durch die Ferienunterkunft und schauen Sie sich das Bett, das Badezimmer etc. sehr genau an und vergleichen Sie alles mit der Wohnung zu Hause.

Heimweh

Vielleicht geht es Ihnen wie den meisten Menschen und Sie schlafen am allerbesten im eigenen Bett und brauchen im Urlaub erst einmal ein oder zwei Tage, bis Sie auch dort gut schlafen können. Dies ist nur einer von vielen Faktoren, die bewirken, dass wir uns in der Fremde erst einmal zurechtfinden müssen und eine Art „Heimweh" nach dem Bekannten und Gewohnten bekommen.

Bei uns Erwachsenen ist das aber noch etwas ganz anderes als bei unseren Kindern, denn wir wissen aufgrund unserer Lebenserfahrung, was es bedeutet in den Urlaub zu fahren und wie wir am besten mit den Veränderungen umgehen können. Bedenken Sie, dass Ihr Kind noch (ganz) klein ist und sich nun auf einmal in einer komplett anderen Umgebung auskennen soll, wo alles ganz anders und fremd ist.

Und Ihr Kind hat noch keine eigenen Strategien für diese neue Situation entwickelt. Daher ist es wichtig, dass Sie Ihrem Kind durch Rituale Kraft und Geborgenheit vermitteln. Wie geht das?

Bemühen Sie sich um ähnliche Tagesablaufrituale im Urlaub wie zu Hause, sprich: Halten Sie bestimmte Reihenfolgen ein. D.h., wenn Sie sich beispielsweise zu Hause immer erst nach dem Frühstücken waschen, machen Sie das auch im Urlaub so, oder wenn Sie zu Hause immer abends die Gutenachtgeschichte im Bett Ihres Kindes vorlesen, dann hier ebenso! Diese gewohnten Abläufe geben Ihrem Kind viel Sicherheit, da es weiß, was es erwarten kann.

Nehmen Sie Ihr Kind ernst, wenn es ihm schwerfällt, sich auf die Veränderungen einzustellen, und spielen Sie das nicht herunter. Geben Sie ruhig zu, dass Sie auch manche Dinge von zu Hause vermissen, aber dass es auch schön ist, sich auf zu Hause zu freuen, wenn man aus dem Urlaub zurückkommt.

Vielleicht helfen das Lieblingskuscheltier und das Lieblingsbuch dabei. Außerdem können Sie gemeinsam Postkarten nach Hause schreiben. Dazu müssen Sie gemeinsam überlegen, was Sie alles toll finden im Urlaub, wodurch es Ihrem Kind sicher gleich viel besser geht.

Lassen Sie Ihr Kind ruhig bei sich mit im Bett schlafen, wenn es in der neuen Umgebung fremdelt, schließlich sind Sie im Urlaub das einzig Vertraute.

„Immer wenn wir im Urlaub waren, hat unser Vater meinem Bruder und mir abends Einschlafgeschichten erzählt. Die Geschichten hat er ganz spontan erfunden. Eine der Hauptfiguren war die ‚Hui-Hui-Ameise'. Es dauerte manchmal sehr lange, bis mein Vater die nächsten Handlungsschritte in der Geschichte wiedergab, weil er den Inhalt, den Anfang, den Verlauf und das Ende ja in Echtzeit erfand. Wir Kinder hingen gebannt an seinen Lippen. Dieses Ritual war immer ein Highlight des Urlaubs. Und die Hui-Hui-Ameise-Geschichten gab es auch wirklich nur im Urlaub!"

Wenn Ihr Kind z. B. stark an seiner Oma hängt, könnten Sie vielleicht ein Foto von der Oma mit in den Urlaub nehmen. Dieses kann Ihr Kind dann mit ins Zimmer nehmen oder sogar unter sein Kopfkissen legen und dem Foto abends erzählen, was es alles am Tag Tolles erlebt hat. Und wenn die Telefonrechnung dadurch nicht zu arg strapaziert wird, kann die Oma ja auch abends einmal kurz angerufen werden, um über die Erlebnisse des Tages zu berichten.

TIPP: MUTMACH- UND HEIMWEHSTEINE

Kennen Sie „Mutmach- oder Heimwehsteine"? Besorgen Sie einfach einen schönen Halbedelstein oder suchen Sie diesen gemeinsam mit Ihrem Kind aus. Vielleicht ist es einer mit einem Loch, sodass er an einem Band oder einer Kette hängen kann.

Ihr Kind ist allein unterwegs

Eine besondere Situation ist es sicher, wenn Ihr Kind das erste Mal alleine in die Ferien fährt. Vielleicht besucht es die weiter entfernt lebenden Großeltern. Hieraus kann sich über die Jahre auch ein schönes Ritual entwickeln, vielleicht sogar mit dem Knüpfen von Freundschaften am Wohnort der Großeltern. Oder es fährt gemeinsam mit den Großeltern in den Urlaub. Oder, wenn es schon älter ist, geht es vielleicht auf eine Freizeitreise zusammen mit anderen Kindern.

Solche Reisen sind eine großartige Gelegenheit für Ihr Kind, selbstständig zu werden, und meist schließen Kinder dort gute Freundschaften und erleben tolle Dinge. Schauen Sie ruhig einmal, welche Anbieter es bei Ihnen für solche Reisen gibt. Häufig werden solche Fahrten von Vereinen, Kirchen (hier ist oft keine Kirchenzugehörigkeit gefordert), der Stadt oder anderen Trägern (z. B. AWO) angeboten. In vielen Städten gibt es zudem spezielle, gedruckte Ferienprogramme, in denen alle Angebote aufgeführt sind.

TIPP: HILFEN BEI HEIMWEH

Eine großartige Methode ist der Kuscheltiertausch. Dies funktioniert folgendermaßen: Sie und Ihr Kind tauschen für die Urlaubszeit ein Kuscheltier (wichtig: nicht das Lieblingskuscheltier, denn das muss ja das Kind selber mitnehmen, sondern das Zweitlieblingskuscheltier). Einige Tage bevor Ihr Kind in die Ferien fährt, muss nun jeder das Kuscheltier für den anderen mit ganz viel Liebe „auftanken". Dann kann das Kuscheltier diese ganze Liebe nach und nach abgeben und so gut gegen das Heimweh helfen!

Ebenfalls sehr schön ist es, eine kleine geheime Überraschung im Koffer Ihres Kindes unterzubringen. Z. B. ein Brief oder Bild von Ihnen oder eine Tüte oder Dose mit je einem Gummibärchen für die Tage, in denen Ihr Kind weg ist, usw.

Wenn die Ferien sich dem Ende neigen

Ungefähr eine Woche vor Schulbeginn sollten Sie anfangen, den Wecker wieder auf die annähernd übliche Weckzeit zu stellen, nicht sofort gleich zur gewohnt frühen Aufstehzeit, aber so, dass Ihr Kind nicht in der ersten Woche total übermüdet in der Schule sitzt, da es noch das lange Schlafen in den Ferien gewohnt ist.

Schauen Sie den Schulranzen gemeinsam durch. Sind alle Stifte vorhanden und angespitzt? Fehlen noch Dinge? Blättern Sie gemeinsam die Bücher für das neue Schuljahr durch und die neuen Hefte.

Was gibt es im neuen Schul(halb)jahr alles für spannende neue Themen? Vergessen Sie auch nicht den Turnbeutel, passen die Sportschuhe und Sportkleidung noch? Falls noch etwas fehlt, haben Sie ausreichend Zeit, alles in Ruhe zu besorgen, bevor die Schule wieder anfängt.

Fotoserien

Kennen Sie den Film „Die fabelhafte Welt der Amelie"? Dort gab es ein hübsches Ritual, das Ihnen vielleicht auch gefällt: Ein kleiner Gartenzwerg geht mit auf Reisen und wird in allen Ferienorten fotografiert. Dies könnte ein Ritual für Ihr Kind sein, indem es immer ein Bild von seinem „Reisekuscheltier" vor der jeweiligen Sehenswürdigkeit (z. B. den Bremer Stadtmusikanten oder dem Eiffelturm) macht. Oder Sie machen ein Bild von Ihrem Kind mit seinem Reisekuscheltier oder eines von der ganzen Familie mit besagtem Reisekuscheltier.

Inzwischen gibt es eine ganze Reihe von solchen Ritualen, die auch im Internet geteilt werden. Beispielsweise gibt es Gummibärchen, die auf Reisen gehen und überall auf der Welt fotografiert werden, oder auch besagte Gartenzwerge. Ob Sie das möchten, können Sie ja selber entscheiden, aber vielleicht haben Sie und Ihr Kind ja Freude und entwickeln zusammen Ihr ganz eigenes „Urlaubsfotoritual". Es ist auch ein schönes Ritual, wenn Sie als Eltern auf Reisen gehen und Ihrem Kind ein Bild vom „Reisekuscheltier" schicken (Achtung: nicht das Lieblingskuscheltier, denn das sollte ja immer bei Ihrem Kind sein!).

Es gibt auch Leute, die machen in verschiedenen Städten immer Bilder in Fotoautomaten mit den immer gleichen Gesichtsausdrücken (lachen, mit aufgerissenen Augen und Mund usw.).

Schauen Sie einfach, ob und was für Sie dabei ist, und seien Sie kreativ.

MIT DER FAMILIE DURCH DIE JAHRESZEITEN

Nicht nur jeder einzelne Tag, sondern auch das ganze Jahr wird automatisch durch Rituale strukturiert. Das Backen und Verzieren eines Lebkuchenhauses im Winter, das Schmücken mit Ostereiern im Frühling, das Sonnwendfeuer im Sommer und das Verkleiden zu Halloween im Herbst kehren regelmäßig wieder, bieten einen roten Faden und geben Anlass zur Vorfreude. Und sie bieten die Gelegenheit, über Bräuche und Traditionen zu sprechen und den Kindern so unsere Kultur zu vermitteln.

Läuten Sie gemeinsam mit Ihrem Kind die einzelnen Jahreszeiten ein. Lassen Sie dies ein festes Ritual werden, damit es sich auf diese Zeiten einstellen und auf die damit verbundenen Veränderungen freuen kann.

Zu jeder Jahreszeit gibt es auch bestimmte Lieder, die Ihr Kind vielleicht aus dem Kindergarten kennt. Singen Sie doch einfach zusammen in der entsprechenden Jahreszeit die dazugehörigen Lieder, z. B. passt „Häschen in der Grube“ hervorragend in den Frühling.

Starten Sie eine schöne Bastel- und Dekorationsaktion zur jeweiligen Jahreszeit gemeinsam mit Ihrem Kind. Dies kann in Form eines „Jahreszeitentisches“ oder bunter Fensterbilder sein. Im Folgenden finden Sie Anregungen, wie Sie die einzelnen Jahreszeiten gemeinsam mit Ihrem Kind einläuten können.

Frühling

„Dass der Winter endlich vorbei war und der Frühling kommt, habe ich immer daran erkannt, dass der Balkon aufgeräumt wurde und die Balkonkästen erneuert wurden. Das Saubermachen und das Müllruntertragen hat nicht so richtig Spaß gemacht, aber die Bepflanzung der Kästen war toll. Wir sind dann am Tag vorher in die Gärtnerei gefahren und haben nach Blumen und Pflanzen geschaut. Ich durfte mitgehen und mir auch eine Pflanze aussuchen. Ich habe später immer Tomatenpflanzen genommen, die musste ich gießen. Und die erste Tomate habe ich stets ganz alleine in Scheiben auf einem Brot gegessen. Meine Eltern waren immer neidisch auf meine leckeren Tomaten."

Was ist typisch für den Frühling? Vielleicht die Blumen, die langsam anfangen zu spießen, und die ersten Sonnenstrahlen, die in der Nase kitzeln. Vielleicht können Sie mit Ihrem Kind ein paar Blumensamen in Tontöpfen auf der Fensterbank aussäen und täglich beobachten, wie sich das Samenkorn entwickelt. Für jüngere Kinder bietet sich die erste Aussaat mit Kresse an, die schneller wächst. Mit älteren Kindern können Sie den Garten oder Balkon auf Vordermann bringen, neue Pflanzen kaufen gehen und diese dann zu Hause einpflanzen. Wenn Sie keinen Garten oder keinen Balkon haben, können Sie auch eine Blumenschale mit Frühlingsblumen bepflanzen.

Ein gemeinsamer Frühjahrsputz (auch im Kinderzimmer) kann ein schönes Ritual im Frühling sein, so können Sie gemeinsam die Sonne ins Haus kommen lassen. Bereiten Sie zusammen die Fahrräder für die Saison vor, probieren Sie, ob die Rollerblades noch passen, holen Sie den Roller aus dem Keller usw.

Auch ein Strauch im Garten mit bunten Ostereiern dekoriert kann ein schönes Frühlingsritual sein. Oder Sie basteln zusammen eine hübsche Osterdekoration und machen so die Wohnung gemütlich.

Der jährliche Besuch des Osterfeuers in der Nachbarschaft kann ebenfalls ein schönes Frühlingsritual sein, vielleicht haben Sie auch vorher den Strauchschnitt dort vorbeigebracht.

Überlegen Sie gemeinsam, was Ihnen noch einfällt.

Sommer

„In den Sommerferien durfte ich immer mit meinem kleinen Bruder eine Woche im Garten zelten. Diese Zeltwoche war mit Sicherheit die aufregendste Zeit des ganzen Sommers. Alle Freunde waren neidisch! Ich muss heute noch lachen, wenn ich daran denke, wie wir uns gegenseitig die Luft aus den Luftmatratzen gelassen haben. War schon eine schöne Zeit! Wenn meine Kinder so alt sind, werde ich mit ihnen im Garten übernachten und Abenteuer erleben."

Wenn bei uns der Sommer vor der Tür steht, räumen meine Tochter und ich ihren Kleiderschrank komplett um, packen alle warmen Wintersachen nach hinten und die Sommersachen nach vorne in den Schrank. Dabei probieren wir dann Teil für Teil, welche Kleidungsstücke noch passen und was aussortiert werden muss. Das ist meist eine sehr lustige Angelegenheit, und es wird viel gelacht. Und vor allem kann man gut sehen, wie viel sie im letzten Jahr gewachsen ist. Meistens gehen dann noch ein paar neue Kleidungsstücke kaufen.

Vielleicht machen Sie auch das Sternegucken und Sternschnuppenwünschen zu Ihrem Ritual. Dem Volksmund nach gehen alle Wünsche in Erfüllung, die man sich in dem Moment wünscht, in dem man eine Sternschnuppe sieht. Man darf diesen Wunsch jedoch keinem verraten, es ist also ein kleines Geheimnis (vielleicht gilt bei jüngeren Kindern die Regel, keinem außer Ihnen als Eltern). In der Regel werden in der Tageszeitung Nächte mit besonders vielen Sternschnuppen angekündigt.

Es kann auch ein schönes Ritual sein, gemeinsam mit Ihrem Kind samstags auf den Markt zu gehen, sich all die Stände mit dem frischen Obst und Gemüse anzuschauen. Vielleicht suchen Sie gemeinsam verschiedene Obstsorten aus und legen einen Obsttag ein.

In der heißen Jahreszeit heißt es auch so oft wie nur möglich „Rein ins kühle Nass", unsere Familien-Bewegungseinheiten am Wochenende verlagern wir dann meist ins Freibad oder an den Baggersee.

Der Sommer besteht aber ja nicht nur aus Freizeitaktivitäten. Sie können auch mit entsprechendem Blumenschmuck den Sommer in die Wohnung lassen. Wenn Sie z. B. eine bestimmte Vase immer zusammen mit Ihrem Kind mit einer Blume füllen, dann haben Sie schon wieder ein kleines schönes und dekoratives Ritual geschaffen.

Herbst

„Bei uns in der Nähe gab es einen alten Park, in dem Kastanienbäume wuchsen. Im Herbst bin ich immer mit meiner Mutter und dem Hund dahingegangen, und wir haben die schönste Kastanie gesucht. Später haben wir dann aus den Kastanien mit Streichhölzern Männchen gebaut. Die haben uns eine Zeit lang vom Regal aus zugeschaut, bis sie verschrumpelt waren. Auch heute finde ich Kastanien noch ganz toll, wenn Sie frisch aus der Schale kommen."

Der Herbst eignet sich hervorragend für ausgiebige Waldspaziergänge mit Ihrem Kind. Sammeln Sie hierbei Blätter, Kastanien, Eicheln etc. Basteln Sie zu Hause aus den gesammelten Schätzen Kastanientiere oder eine schöne Fenster- oder Zimmerdekoration. Vielleicht sammeln Sie auch gerne Pilze oder es gibt jemanden in Ihrer Familie oder Nachbarschaft, der Pilze sammeln geht und Sie oder Ihr Kind gehen dort mit. Haben Sie schon einmal einen „Nebelspaziergang" gemacht? Das kann auch eine tolle Erfahrung für Kinder und vielleicht ein neues jährliches Herbstritual sein.

„Bei uns war es Sitte, dass wir an einem bestimmten Wochenende in der Gegend rumgefahren sind und nach Misteln in den Bäumen Ausschau gehalten haben. Wer immer eine Mistel entdeckte, rief laut ‚Mistelalarm!!!!!!', dann sind wir zu dem Baum gefahren und mein Vater hat versucht, die Mistel aus dem Baum zu holen. Das hat natürlich nicht immer geklappt. Je nach Erfolg oder Misserfolg haben wir dann stolz Sieger-Pommes gegessen oder Trost-Pommes. Mir war es eigentlich egal, denn es war so oder so immer ein klasse Tag. Heute kaufe ich immer noch einen kleinen Mistelzweig auf dem Markt und muss an meine Eltern denken."

Zudem können Sie gemeinsam mit Ihrem Kind im Garten die Bäume und Sträucher zurückschneiden: Geben Sie ihm eine eigene Gartenschere (natürlich erst wenn es alt genug ist, diese auch mit Bedacht zu benutzen) und lassen Sie es selber rumschneiden. Zeigen Sie ihm vorher sicherheitshalber, an welchen Sträuchern es sich austoben darf, Sie werden sehen, dass es viel Spaß bei dieser Arbeit haben wird.

WEITERE RITUALE FÜR DEN HERBST

Drachenbau
Eines der Herbsthighlights ist sicherlich der Bau eines eigenen Drachens. Im Handel gibt es preiswerte und unkomplizierte Bastelbausätze für die tollsten Flugdrachen. Und wenn dann ein wenig Wind ist und der Drachen das erste Mal startet, ist die Freude nicht nur bei den Kindern groß. Da die Drachen in der Regel nur eine Saison halten, haben Sie für den nächsten Herbst schon ein neues Projekt und ein Herbstritual.

Halloween
Zu den typischen und wirklich beliebten Herbstritualen gehört aber mittlerweile in Deutschland auch der Halloweenbrauch des Kürbisschnitzens. Sie werden überrascht sein, wie viel Spaß es den Vätern macht, einen „gruseligen Kürbis" zu schnitzen und ihn anschließend mit einem Teelicht zu beleuchten. In einigen Familien ist es so, dass jedes Familienmitglied einen eigenen Kürbis schnitzt und diesen dann vor die Eingangstür stellt.

Bratäpfel
Ein weiteres schönes Ritual, das Sie im Herbst nicht versäumen sollten, sind natürlich Bratäpfel. Immer dann, wenn die ersten säuerlichen Äpfel auf dem Markt auftauchen, ist es Zeit für tolle selbst gemachte Bratäpfel. Idealerweise eignen sich hier Boskop-Äpfel. Hier kann Ihr Kind bei der Füllung der Äpfel mithelfen und später vor dem Servieren die Vanillesoße dazugeben.

Winter

Im Übergang zum Winter ist wieder eine Kleiderschrankaktion angebracht: die Sommersachen werden gegen die Wintersachen ausgetauscht und die Winterbekleidung anprobiert, um zu schauen, was noch passt.

Wir läuten den Winter mit einem gemeinsamen Besuch in der Eishalle ein. Selbst wenn es draußen noch nicht sehr kalt ist, bekommt man in der Kälte der Eishalle schnell winterliche Gefühle. Auch gibt es am Wochenende im Winter häufig heißen Kakao und die zuvor selbst gebackenen Plätzchen.

„Eines der schönsten Rituale war für mich die Pflege des Vogelhäuschens im Garten. Nach einer kleinen Übergangsphase wurde ich zu Hause zur Hausmeisterin des Vogelhäuschens ernannt! Ich war stolz wie Oskar und durfte von da an morgens oder abends das Vogelfutter nachfüllen. Und natürlich auch die Reste am Boden wegfegen. Am Wochenende habe ich mich dann manchmal gemeinsam mit meinen Vater auf die Lauer gelegt, die Vögel beobachtet und in einem Buch nachgeschaut, was das für Vögel waren. Zu einem Geburtstag habe ich dann von meinem Opa ein kleines Fernglas bekommen. Das war eines der tollsten Geschenke, ich glaube, ich hatte das ganze Wochenende das Fernglas vor den Augen. Auch sehr aufregend war natürlich das Eichhörnchen, das wir mal zu Besuch hatten. Und auch wir werden ein Vogelhaus aufstellen!“

Der Winter ist zudem die Zeit, Laternen zu basteln und damit Laterne zu gehen. Hier gibt es wiederum sehr schöne Lieder, die Sie gemeinsam singen können („Ich geh mit meiner Laterne und meine Laterne mit mir“). Häufig findet dieses Ritual im Kindergarten statt, aber vielleicht gehen Sie zusätzlich noch mal an einem anderen Abend mit Ihrem Kind alleine Laterne.

Im Winter lassen sich sehr schöne Winterfensterbilder (Schneeflocken u. Ä.) gestalten und Weihnachtsbaumschmuck basteln. Je nach Wetterlage können Sie Schneemänner und -frauen und Iglus bauen, Schlittenfahren und Schneeballschlachten veranstalten.

„Immer wenn der erste Schnee gefallen ist, haben wir versucht, einen Schneemann zu bauen. Und wenn der Schnee für einen etwas größeren Schneemann gereicht hat, haben wir ihm ein richtig schönes Gesicht gemacht. Und ich durfte als Letztes immer die Möhre in die Mitte stecken! Der Schneemann wurde vor dem Haus gebaut, damit er auf uns aufpasste."

„Die erste Schlittenfahrt des Jahres war immer ein ganz großes Highlight bei uns in der Familie. Schon in der Woche vorher haben wir den Schlitten aus dem Keller geholt und schon einmal einen Sitztest in der Garage gemacht. Wenn dann Schnee am Berg lag, wurden beim Frühstück Berge von Broten geschmiert, heißer Kakao und Kaffee in die Thermoskannen geschüttet und sich mit Handschuhen, warmen Jacken und dicken Schuhen auf den Weg gemacht. Ganz wichtig war die Notkiste mit Pflastern und Taschentüchern ... Das sind echt unvergessene Tage. Ich war immer fertig am Abend und hatte bestimmt auch blaue Finger und Zehen, aber das war mir egal. Und was hatten wir für einen Spaß, wenn unser Vater einen Unfall hatte und im Schnee landete ... Winter ohne Schlittenfahren? Geht gar nicht!! Ein Muss!!!!"

Vielleicht schmücken Sie auch gemeinsam den Weihnachtsbaum, backen und verzieren ein Lebkuchenhaus oder binden zusammen einen Adventskranz.

> „Meine Eltern legten immer viel Wert auf die Adventskrippe. Bei uns war es ein feierliches Ritual, wenn mein Vater die Krippe vom Dachboden holte und sie im Wohnzimmer aufstellte. Bei uns wanderten Maria und Josef und die Heiligen Drei Könige immer durch die gute Stube und kamen erst am Tag vor Heiligabend am Stall und der Krippe an. Das Christkind wurde ebenfalls erst Heiligabend in die Krippe gelegt. Ich weiß noch, dass ich morgens immer geschaut habe, wie weit die Figuren denn gekommen sind (dass meine Mutter die Figuren abends bewegt hatte, habe ich erst viel später realisiert). Bei uns gibt es diese ‚Krippenprozession' heute auch. Maria und Josef wandern jedoch an der Haustür los und die Heiligen Drei Könige kommen aus dem fernen Keller hoch …"

Lassen Sie sich auch von der Übersicht im nächsten Kapitel zu Brauchtümern im Jahresverlauf zu den einzelnen Jahreszeiten inspirieren.

Kennen Sie Jahreszeitenfamilienfotos?

Vielleicht entwickeln Sie ein Ritual daraus, zu jeder Jahreszeit ein Foto von Ihrem Kind oder gar ein Familienfoto passend zur Jahreszeit zu machen. Dies kann an immer der gleichen Stelle in der Wohnung oder im Garten sein oder vor einem anderen Hintergrund. Sie haben dann mit der Zeit eine schöne Fotoreihe und können von Jahr zu Jahr und von Jahreszeit zu Jahreszeit vergleichen, was sich alles verändert hat.

BESONDERE FESTE UND FESTTAGE

Es gibt viele besondere Anlässe bei denen man mit Ritualen arbeiten kann. Rituale können eine enorme Kraft innehaben. Sie können beispielsweise schöne Feste noch schöner machen. Für Kinder sind Feste jeglicher Art immer etwas Besonderes, weil sie nicht jeden Tag stattfinden. Natürlich ist der Geburtstag der wichtigste Tag im Jahr! Doch auch Namenstage werden in vielen Familien richtig zelebriert. Und wenn die ganze Familie zusammenkommt, ist die Feier gleich noch mal so schön.

Geburtstag

Am Geburtstagsmorgen steht immer ein kleiner Kuchen mit Kerzen auf dem schön gedeckten Tisch, als Erstes wird ein Geburtstagslied gesungen, danach werden die Kerzen ausgeblasen und sich etwas gewünscht und dann werden die Geschenke ausgepackt. So oder ähnlich laufen beliebte Geburtstagsrituale ab.

Manche Eltern machen aus dem Kindergeburtstag ein eigenes Ritual und nehmen sich den Tag frei, um etwas Besonderes mit ihrem Kind zu machen. Vielleicht kommt auch die Patentante oder der Patenonkel zu Besuch.

Der Geburtstagsmorgen

Vielleicht möchten Sie Ihr Geburtstagskind gemeinsam mit der ganzen Familie singend wecken. In manchen Familien gibt es ein spezielles Geburtstagslied mit dem Namen des Kindes. Alternativ ist das klassische „Happy birthday to you" am Geburtstagsmorgen immer eine schöne Alternative zum morgendlichen Wecker.

Es kann auch ein sehr schönes Ritual sein, den Weg zum Geschenketisch mit Kerzen oder Teelichtern auf dem Boden zu dekorieren.

Wenn der Geburtstag Ihres Kindes auf ein Wochenende fällt, haben Sie sicher mehr Zeit, diesen gebührend zu feiern. Aber auch wenn er an einem Wochentag sein sollte, sollten Sie ihn feiern. Egal wie müde Sie sind oder wie wenig Zeit morgens vor der Schule ist, eine kleine Feier, ein Geburtstagsritual oder auch ein besonderes Geburtstagsfrühstück sollten Sie immer mit einplanen. Die richtige Geburtstagsfeier können Sie noch am Wochenende nachholen.

Schmücken Sie den Platz Ihres Kindes z. B. mit kleinen Blumenblüten oder basteln Sie eine „Geburtstagskette" oder „-krone". Kurz: Verschönern Sie Ihrem Kind schon den Morgen, der eigene Geburtstag ist vor allem für Kinder ein ganz besonderer Tag. Und an einem solchen sollte sich das Kind auch ganz besonders fühlen dürfen.

Geburtstagskuchen und andere Leckereien

„Jeder meiner Geburtstage war im Detail gleich: Auf dem üblichem ‚Geburtstags-Guglhupf' brannten Kerzen und meine Familie sang stets das gleiche Lied dazu – auch noch, als ich längst ein Teenager war. Ich habe diese Konstante in meinem Leben immer geliebt. Und auch heute bei meinem eigenen Kind gibt es den ‚Geburtstags-Guglhupf'".

„Mein schönstes Geburtstagsritual war der Geburtstagskuchen, bei dem alle Kerzen auf einmal ausgepustet werden mussten, nachdem ich mir etwas gewünscht hatte."

Schoko-Kirsch-Kuchen, Brownies, der mit Smarties verzierte Kuchen – es gibt so viele Geburtstagskuchen wie Geburtstagskinder.

Auch ein mit Kerzen verzierter Kuchen (so viele Kerzen wie Lebensjahre) ist etwas ganz Besonderes. Insbesondere wenn es den Kuchen dann schon zum Frühstück gibt.

Die Kerzen können natürlich auch separat in einem runden Holzkranz und mit einem Lebenslicht dekoriert sein. Auch das Kerzenauspusten, das damit einhergeht, dass das Geburtstagskind sich etwas wünschen darf, ist ein besonders schönes Ritual.

In vielen Familien darf sich das Geburtstagskind zudem das Mittag- oder Abendessen aussuchen. Das kulinarische Angebot kann dabei vom Geburtstags-Hamburger über das Geburtstags-Grillen bis hin zur Geburtstags-Eisbombe reichen. Der Vielfalt sind keine Grenzen gesetzt.

Geburtstagsfeier

„An Geburtstagen haben sich alle verkleidet. Beliebte Spiele waren: Eierlauf, Topfschlagen, Verstecken. Es gab immer eine selbst gebackene Torte und Kindersekt."

„Wenn sich nicht alle Kinder kennen, machen wir zu Beginn Flaschendrehen. Auf wen die Flasche zeigt, der sagt seinen Namen und woher das Kind das Geburtstagskind kennt, und dann wird das Geschenk ausgepackt. So lernen sich die Kinder schnell kennen."

Zum Ehrentag Ihres Kindes findet meist eine Geburtstagsfeier statt, zu der es seine Freunde einladen darf. Hier gilt die Regel: Das Kind darf so viele Kinder einladen, wie es Jahre alt wird.

Eine schöne Idee ist, wenn Sie gemeinsam mit Ihrem Kind jedes Jahr ein bestimmtes Motto aussuchen, z. B.: Discoparty, Dinosauriergeburtstag, Spongebob-Party mit kleinem Pool im Sommer, Wintergrillen mit Schneeballschlacht oder auch die Kinoparty mit Popcorn und Eis. Hier muss es nicht zu einer teuren Materialschlacht kommen, mit der Sie die anderen Eltern beeindrucken können. Nutzen Sie die vorhandene Infrastruktur. Wenn Sie einen kleinen Balkon haben und es warm genug ist, dann findet die Geburtstagsparty dort statt. Wichtig sind gute Laune und Pommes, Cola und …“

„Meine Tochter bekommt zu jedem Geburtstag eine Geburtstagskrone gebastelt, auf der ihr Alter steht. Vorher darf sie entscheiden, welche Farbe die Krone haben soll, den Rest suche ich selber aus, passe es aber meist dem Motto des Kindergeburtstages an. So hatte meine Tochter schon eine schwarze Piratenkrone mit Augenklappe dran, eine Pferdekrone, eine Feenkrone und diverse andere.“

Geburtstage von anderen Familienmitgliedern

Ein wenig Neid könnte aufkommen, wenn jemand anderes in der Familie Geburtstag hat und nicht Ihr Kind, weil es gerne selber Geburtstag haben möchte. Binden Sie es daher in die Vorbereitungen für den jeweiligen anderen Geburtstag mit ein, dann hat es auch eine Aufgabe. Vielleicht mag es ein Gedicht vortragen, ein Lied singen oder etwas auf einem Instrument vorspielen.

Wenn Sie mögen, können Sie für Ihr Kind auch ein kleines Geschenk bereithalten, damit es sich ebenfalls besonders fühlt.

Namenstag

Viele Namen haben einen religiösen Hintergrund. Der Namenstag ist der Tag, an dem der heilige Namenspatron verstorben ist. Manche religiösen Familien wählen bewusst einen Namen aus, um eine Verbindung zu dem jeweiligen Namenspatron herzustellen. Viele Familien suchen aber die Namen der Kinder danach aus, welche sie schön finden.

Je nach Religionszugehörigkeit, Wohnort und Vorlieben hat der Namenstag einen ganz unterschiedlichen Stellenwert.

Ob Sie nun religiös sind oder nicht, den Namenstag können Sie auf Ihre Weise feiern, wenn Sie dies möchten. Wenn Sie selber damit groß geworden sind, dass Ihr Namenstag ein besonderer Tag war, werden Sie dies vielleicht auch an Ihre Kinder weitergeben wollen.

Wenn Sie den Namenstag Ihres Kindes feiern, dann lassen Sie Ihr Kind an diesem Tag spüren, dass ihm zu Ehren gefeiert wird. Legen Sie z. B. schon am Frühstückstisch ein Blümchen oder ein schönes Bild an den Platz Ihres Kindes. Zum Mittagessen gibt es dann sein Lieblingsessen.

Laden Sie die engsten Verwandten und, wenn vorhanden, die Taufpaten Ihres Kindes zu Kaffee und Kuchen ein.

Um Geschenke muss es am Namenstag nicht unbedingt gehen, aber vielleicht können Sie Ihrem Kind eine kleine Aufmerksamkeit überreichen, um ihm damit zu zeigen, was es besonders macht. Machen Sie Ihrem Kind an diesem Tag z. B. Komplimente und sagen Sie ihm, was alles toll an ihm ist.

Bei getauften Kindern können Sie am Namenstag zudem die Taufkerze Ihres Kindes anzünden.

„Die Pateneltern meiner Tochter schenken ihr nichts zum Geburtstag und zu Weihnachten, weil sie dann ohnehin schon so viele Geschenke von anderen bekommt. Die Pateneltern ehren sie an ihrem Tauftag, an dem sie ja auch die Pateneltern meiner Tochter wurden und damit einen besonderen Bezug zu ihr an dem Tag haben. Es gibt ein kleines Geschenk und einen Anruf (sie wohnen weiter weg), aber meine Tochter freut sich sehr, dass sie noch einen Tag mehr im Jahr zu feiern hat."

Familienfeste

„Für die ganzen großen Familienfeste und Feiern wie Opas 80sten Geburtstag habe ich als Kind immer ein neues Kleid bekommen und fand es unheimlich toll, dieses dann auf der Feier präsentieren zu dürfen."

Familienfeste können zur reinsten Tortur werden, wenn das eigene Kind nicht mitspielt. Am einfachsten ist es natürlich, wenn auf den Familienfesten Kinder im selben Alter sind, doch leider ist dies nicht immer der Fall. Hierbei können einige Tipps sehr hilfreich sein, wie sich ein Familienfest einfacher gestalten lässt. Vor allem wenn diese regelmäßig angewandt werden und sich so zu einem Ritual entwickeln, bei dem Ihr Kind mit der Zeit weiß, was es erwartet.

TIPP: SO WERDEN FAMILIENFEIERN FÜR KINDER ZU EINEM SCHÖNEN RITUAL

- Wenn die Feiern nicht zu weit weg sind, können Sie einen Freund oder eine Freundin Ihres Kindes mitnehmen. So hat Ihr Kind jemanden zum Spielen und ist glücklich, und Sie als Eltern müssen sich die „Nörgelei", dass Ihrem Kind langweilig ist, nicht ständig anhören.
- Es ist immer toll, wenn zu Familienfesten ein neues Malbuch und Stifte, ein Aufkleberheft oder etwas anderes, mit dem sich Ihr Kind eine gewisse Zeit auch alleine beschäftigen kann, mitgenommen wird.
- Lassen Sie Ihr Kind mithelfen! Kinder finden es toll, wenn man ihnen Aufgaben überträgt. Lassen Sie es vielleicht dabei helfen, die leeren Gläser und Flaschen von den Tischen wegzuräumen. Dies macht natürlich noch viel mehr Spaß, wenn noch andere Kinder vor Ort sind und alle dies gemeinsam machen.

Rituale rund um kirchliche Festtage

Für viele Familien spielen religiöse Rituale eine sehr wichtige Rolle im täglichen Ablauf und über das ganze Jahr verteilt. Auch wenn viele Menschen nicht mehr dem christlichen Glauben folgen, werden immer noch viele christliche Traditionen in den Alltag integriert. Zu diesen Ritualen gehören die Taufe, die Kommunion oder Konfirmation und auch Besuche von Gottesdiensten. Der Besuch von Kirchen kann außerdem im Rahmen von Besichtigungen oder Städtetouren erfolgen und hat dann vielleicht zudem einen historischen Hintergrund.

„Meine Eltern haben mich eher nicht christlich erzogen. Aber wir sind immer viel gereist und haben dabei alle wichtigen Gebäude und Kirchen aller Religionen besichtigt. In jeder Kirche, wo es möglich war, haben wir eine kleine Spende in den Opferstock gesteckt und Kerzen für die Menschen angezündet, denen wir danken oder auch gedenken wollten. Auch heute finde ich das noch ein schönes Ritual, welches ich immer noch selber pflege.“

Egal welchen eigenen Hintergrund Sie selber haben, ob katholisch, evangelisch, muslimisch, hinduistisch, baptistisch, jüdisch oder atheistisch – Sie werden immer wieder mit kirchlichen Ritualen konfrontiert sein. Vielleicht sind Ihnen viele dieser Rituale wichtig, vielleicht praktizieren Sie einige oder eben genau nicht. Schauen Sie einfach, welche Rituale für Sie passend sind, und pflegen Sie diese, aber setzen Sie sie nicht gegen den Willen der Familie durch. Denn nur wenn alle an einem Ritual Spaß haben und dieses auch verstehen, hat es eine Chance darauf, ein langfristig positives Familienritual zu werden und somit einen guten Einfluss auf die Entwicklung Ihres Kindes zu haben.

Wir haben Ihnen in diesem Kapitel eine Auswahl gängiger Rituale aus dem christlichen Bereich zusammengestellt, die keinerlei Anspruch auf Vollständigkeit hat.

Wenn Sie Ihre christliche Weltanschauung weitergeben möchten, ist dies meist leicht über einfache Geschichten aus der Bibel möglich. Vielleicht erzählen Sie Ihrem Kind auch einmal das ein oder andere Gleichnis aus der Bibel oder Sie besuchen gemeinsam den Kindergottesdienstes oder ähnlichen Veranstaltungen.

Sicherlich gehört auch das Beten zu diesen kleinen Ritualen. Dies finden wir in allen Religionen. Ein sehr gängiges Ritual ist das abendliche Beten oder das Gebet vor Mahlzeiten. Mehr dazu finden Sie im Kapiteln „Rituale im Tagesablauf".

„Bis zu meinem siebten Lebensjahr hat mich meine Mutter abends zu Bett gebracht und gemeinsam mit mir ein Abendgebet gesprochen. Der Gebetstext stammte von einem handgroßen Gebetswürfel aus Holz, mit einem kurzen Gebet auf jeder der sechs Seiten. Ich durfte den Würfel werfen. Bis ich lesen konnte, hat meine Mutter das Gebet vorgelesen. Danach hat sie mir einen Abendsegen in Form eines kleinen Kreuzzeichens auf der Stirn gegeben."

„Bei meinem Opa haben wir vor jeder Mahlzeit ein kurzes Tischgebet gesprochen. Dabei haben wir uns alle an den Händen gehalten. Rückblickend betrachtet war das toll – diese Erfahrung möchte ich auf keinen Fall missen!"

„Obwohl ich nicht getauft und nicht religiös erzogen wurde, hat mich das Beten fasziniert und ich habe abends im Bett oft gebetet. Ich habe gebetet, dass ich verschiedene Sachen bekomme, die ich mir wünsche, oder gebetet, dass meine Freunde, mit denen ich mich gestritten habe, sich wieder mit mir vertragen."

Die Fastenzeit

Viele Menschen wissen gar nicht mehr, was die christliche Fastenzeit eigentlich bedeutet. Und doch gibt es einige Familien, die sie mit dem einen oder anderen Ritual fest in ihrem Jahreskalender verankert haben. Meistens geht es dann darum, während der Fastenzeit auf etwas Bestimmtes zu verzichten (beispielsweise auf Alkohol, Süßigkeiten, PC, Handy, Internet). Versuchen Sie Ihrem Kind Sinn und Zweck dieses Rituals zu verdeutlichen und überlegen Sie sich doch gemeinsam, wie Sie die Fastenzeit begehen möchten. Vielleicht wollen Sie und Ihr Kind in dieser Zeit zum Beispiel auf Süßigkeiten, den Fernseher o. Ä. verzichten. Vielleicht wünscht sich Ihr Kind aber auch, dass Papa abends mal auf die Zigaretten oder das Smartphone verzichtet und lieber mit ihm spielt. Die Fastenzeit kann so auch eine schöne und interessante Erfahrung für alle Familienmitglieder werden. Wichtig ist, dass wirklich von allen Familienmitgliedern ein Verzicht geübt wird und das nicht nur vom Kind verlangt wird.

„Die Fastenzeit war bei uns zu Hause keine schöne Zeit. Es gab keine Süßigkeiten, kein gescheites Essen und wir durften auch kein Fernsehen schauen. Uns hat damals keiner so richtig den Sinn der Fastenzeit erklärt. Heutzutage finde ich den bewussten Verzicht auf bestimmte Dinge eine sehr schöne Erfahrung. In meiner Familie sprechen wir vor der Fastenzeit immer ganz genau darüber. Bei uns ist es jetzt so, dass wir in der Fastenzeit kein Fleisch und keinen Fisch essen und das gesparte Geld dann für einen guten Zweck spenden. Das führt immer wieder zu interessanten Diskussionen mit den Kindern und weckt auch das Bewusstsein für eine soziale Verantwortung. Als Nebeneffekt stelle ich bei mir immer wieder fest, dass ich doch standhafter bin, als ich es manchmal glaube."

Wenn Sie bisher kein Fastenritual in Ihrer Familie haben, dann ist es vielleicht einmal eine Möglichkeit, während einer Familienkonferenz darüber zu sprechen. Vielleicht wünschen Sie sich ja, dass Ihre Kinder weniger mit der Spielkonsole spielen, und Ihre Kinder wünschen sich, dass Sie sich weniger mit der Hausarbeit beschäftigen. Finden Sie einen Kompromiss und genießen Sie gemeinsam die frei gewordene Zeit.

Ostern

An Ostern selber werden fleißig die Eier gesucht, die der Osterhase pfiffig, wie er ist, ziemlich gut versteckt – manche findet man erst Wochen später.

„Zu unseren Ostertraditionen gehört es, dass wir am Ostersonntag nach einem ziemlich ausgiebigen Frühstück gemeinsam mit unseren Nachbarn boßeln gehen. Dafür bepacken wir vorher einen Bollerwagen mit Proviant und machen uns dann mit vielen Menschen unterschiedlichen Alters auf den Weg. Beim Boßeln wird eine Kugel die Straße entlanggerollt und man folgt der Kugel (wie Kegeln ohne Kegel). Da wir in einer Gegend mit vielen Straßengraben wohnen, landet regelmäßig eine der Boßelkugeln im Wasser oder Schlamm, sodass diese unter großem Gelächter und viel Müh wieder geborgen werden muss. Alles im allem ist dies der größte Spaß, den man an Ostern haben kann, und ich möchte darauf auf keinem Fall verzichten müssen."

„Als ich klein war, sind wir Ostern oft zu meinen Großeltern gefahren. In deren Ort war es Tradition, dass man an Ostern zu einem Sandhügel (dem stadtbekannten Eierkollerberg) im Wald ging und dort bunt bemalte hart gekochte Eier den Berg herunterkullern ließ. Eltern und Kinder bauten den ganzen Tag immer wieder neue Pisten und Tunnel für die Eier auf dem Berg, und alle hatten eine Menge Spaß."

„Vor Ostern habe ich als Kind immer mit meiner Mutter Kresse ausgesät, damit wir an Ostern zum Frühstück frische Kresse essen konnten. Zu Ostern haben wir Eier ausgepustet und angemalt, ein Nest gebaut und ein Osterlamm gebacken."

„Ostersamstags haben wir gemeinsam kleine Osterlämmer gebacken und Ostereier gefärbt. Sofern es das Wetter erlaubt hat, haben wir an Ostersonntag im Garten Osternester gesucht."

Erntedank

Das Erntedankfest eignet sich für ein schönes Herbstritual. Immer dann, wenn Sie allmählich im Garten aufräumen, ist die richtige Zeit, um den Kindern einmal den Zusammenhang von Landwirtschaft, Lebensmitteln, Anbau und Essen zu verdeutlichen. Dieses könnte z.B. im Rahmen eines „Bauernfrühstücks" erfolgen. Vielleicht kennen Sie einen Bauernhof mit einem Hofladen in der Nähe und können die Lebensmittel direkt dort einkaufen, danach gemeinsam zubereiten und essen.

„Meine Großeltern hatten einen kleinen landwirtschaftlichen Betrieb. Im Herbst wurde mit allen Nachbarn das Erntedankfest gefeiert. Dann gab es eine riesengroße Pfanne mit Bratkartoffeln, Eiern und den ganzen anderen schönen Sachen, die die Bauern produziert haben. Für uns Kinder gab es außerdem immer eine spezielle Kinderbowle. Und nach dem Essen wurde Verstecken gespielt oder im Heu getobt. Das war ein ganz toller Tag. Auch heute gibt es bei uns noch die Bauernpfanne zum Erntedankfest – nach Möglichkeit mit mindestens einem Produkt aus dem eigenen Garten."

Advent

Die Adventszeit hat viele schöne Rituale, die Sie auch nach Möglichkeit mit Ihren Kindern erleben sollten. Hier einige Erfahrungen von Mitautoren zur Adventszeit:

„Am ersten Advent backen wir in unsere Familie immer Plätzchen."

„Jedes Jahr in der Adventszeit lesen wir Eltern das gleiche Buch vor. Wir alle lieben „Das große Schnüpperle-Weihnachtsbuch" von Barbara Bartos-Höppner."

„Jedes Jahr holt die ganze Familie aus dem Wald frisches Moos für die Weihnachtskrippe."

Adventsrituale sind nicht nur schön, sondern auch wichtig, denn Sie würden Ihr Kind möglicherweise zum Außenseiter machen, wenn es beispielsweise als Einziges im Kindergarten oder in der Schule keinen Adventskalender hätte. Aber auch die Sonntage in der Vorweihnachtszeit sind eine schöne Gelegenheit, die Familie bei einer Tasse Tee und weihnachtlichen, vielleicht sogar selbst gebackenen Keksen am Adventskranz gemeinsam an den Tisch zu holen.

„Meine Mutter hatte immer eine lange Wäscheleine quer durch mein Kinderzimmer gespannt. An dieser Leine hingen 24 kleine Stoffbeutel, die immer mit einer Kleinigkeit gefüllt waren. Manchmal war es ein Bonbon, ein kleiner Schokoriegel oder auch mal ein Miniplastikauto. Es hat einen Heidenspaß gemacht, vorher an den Beuteln zu fühlen und zu überlegen, was da wohl drin ist. In den Tagen vor Weihnachten bin ich immer wie der Blitz aus dem Bett gestiegen und habe als Erstes in den Beutel mit der entsprechenden Zahl geschaut."

„Wir hatten früher nicht so viel Geld, aber ich hatte immer einen kleinen Adventskalender in der Küche, in dem Schokoladenstückchen mit einem Motiv drauf hinter einem Türchen versteckt waren. Das war immer so richtig toll, die entsprechende Nummer zu suchen und dann zum Frühstück ein Stück Schokolade essen zu dürfen. Heiligabend war das Stück Schokolade doppelt so groß. Auch heute noch habe ich im Büro einen Adventskalender, den ich mit Freude täglich öffne und dabei noch einmal kurz an früher denke. Dabei mache ich mir klar, wie gut es mir heute geht."

„Wir hatten in der Weihnachtszeit immer einen Adventskranz aus frischem Tannengrün. Meine Mutter hat den mit meinen älteren Geschwistern gebastelt, ich durfte dann die Kerzen in die Halterungen stellen. In der ganzen Wohnung konnte man das harzige Grün riechen. An den Adventssonntagen hat unser Vater beim Frühstück die entsprechenden Kerzen angezündet. Ich erinnere mich genauso noch daran, dass meine Mutter mindestens fünfmal beim Frühstück gesagt hat, dass wir später nicht vergessen dürften, die Kerzen zu löschen ... Frühstück mit Kerzen hatte immer etwas Feierliches!"

Nikolaus

Können Sie sich noch daran erinnern, wie aufgeregt Sie als Kind am Abend vor Nikolaus waren? Wie schafft es der Nikolaus bloß durch die abgesperrte Wohnungstür zu kommen und die extra blank geputzten Schuhe zu füllen? Und vielleicht wissen Sie noch, dass Ihnen das Aufstehen nie leichter fiel als am Morgen des 6. Dezembers ...

„Am Abend vor Nikolaus werden die geputzten Stiefel vor die Tür gestellt – natürlich die größten, die man finden kann, damit der Nikolaus mehr reinpacken kann. Dazu wird ein Teller mit selbst gebackenen Keksen und ein Glas Milch vor die Tür gestellt. Wir denken natürlich daran, beim Befüllen der Stiefel die Kekse zu verputzen und einen Schluck Milch zu trinken!"

„Wir stellen am Abend vorher einen Teller mit Keksen und einem Stück Zucker für den Schimmel vom Nikolaus vor der Tür auf."

Weihnachten

Jede Familie pflegt zu Weihnachten ihre eigenen Traditionen. Wie war es denn bei Ihnen, als Sie noch ein Kind waren? Meist gibt man das, was man selber erlebt hat, auch an die eigenen Kinder weiter.

Das zeigen die Beispiele unterschiedlicher Weihnachtstraditionen:

„Morgens stellt mein Vater den Tannenbaum auf, wie jedes Jahr ein Kraftakt, da unser Baum meist viel zu groß und ausladend ist. Sobald der Tannenbaum steht, dürfen wir Kinder und inzwischen auch mein Sohn den Tannenbaum schmücken. Während wir fleißig schmücken, bereitet meine Mutter das Abendessen vor – bei uns gibt es seit vielen Jahren Raclette, denn da findet jeder etwas, was ihm schmeckt. Gegen Mittag treffen wir uns mit Freunden der Familie (inzwischen mit drei Generationen), machen einen Spaziergang und kehren dann bei einem von uns ein und trinken Kaffee und heißen Kakao. Bei diesen Zusammentreffen werden alte Geschichten erzählt, etwas gespielt oder aktuelle Themen besprochen. Am späten Nachmittag gehen wir dann alle auseinander. Zu Hause angekommen, dürfen erst meine Schwester und ich unsere Geschenke unter den Tannenbaum legen, dann müssen wir uns zurückziehen, und meine Eltern legen ihre Geschenke unter den Tannenbaum und zünden die Kerzen an. Wenn alles vorbereitet ist, läutet mein Vater mit dem Glöckchen, und wir eilen ins Wohnzimmer. Wir singen Weihnachtslieder, und mein Vater liest eine Weihnachtsgeschichte vor. Anschließend packen wir nach und nach die Geschenke aus. Nach der Bescherung wird das Raclette gegessen."

„An Heiligabend sind mein Bruder und ich eine Zeit lang mit unserem Vater ins Kino gegangen, während meine Mutter alles vorbereitete. Wir haben jedes Jahr wiederkehrend ‚Das Dschungelbuch' gesehen, ein damals offenbar gern gezeigtes Weihnachtsprogramm Münsteraner Kinos."

„Die Kinder warten in einem anderen Raum, bis ein Glöckchen erklingt, dann dürfen sie ins Wohnzimmer kommen. Unter dem Weihnachtsbaum liegen die Geschenke. Aber immer steht noch ein Fenster oder eine Gartentür offen, und die Eltern zeigen nach draußen und rufen ‚Da oben, schaut, seht ihr noch den Schlitten?' (Die meisten Kinder sehen dann auch wirklich einen kleinen leuchtenden Punkt am Himmel.)"

„Etwa eine Stunde vor dem Weihnachtsfest und der Geschenkübergabe sind mein Bruder und ich aufs Zimmer, haben uns festlich angezogen und durften erst beim Läuten der Glocke ins geschmückte Wohnzimmer. Plätzchenbacken, Baumfällen, gemeinsames Schmücken des Baumes, Liedersingen und spezielle Speisen waren bei uns ein fester Bestandteil. Zuerst wurde gegessen, dann die Geschenke verteilt. Es wurde reihum ausgepackt."

„Am Weihnachtsabend gab es in meiner Familie vor der Bescherung immer Abendessen. Danach verschwand meine Mutter in das ‚Weihnachtszimmer', um nachzuschauen, ob das Christkind schon vorbeigekommen war. Wenn dies der Fall war, läutete meine Mutter eine kleine Glocke, wir durften in das festlich geschmückte Zimmer eintreten und die Weihnachtsgeschenke in Empfang nehmen."

Diese meist seit der eigenen Kindheit gepflegten Rituale gehören jedes Jahr dazu, ohne sie wäre Weihnachten kein richtiges Weihnachten!

Wenn Sie der Meinung sind, dass Sie nicht mehr an bestimmten christlichen Ritualen festhalten möchten, weil Sie Ihnen nichts mehr bedeuten, dann ist das natürlich in Ordnung. Bevor Sie sie aber komplett aus Ihrer Familie verbannen, sollten Sie sich jedoch fragen, was sie für Ihre Kinder bedeuten und ob sie ihnen nicht vielleicht wichtig sind oder sie ganz enttäuscht wären, wenn sie darauf verzichten müssten. Dann sollten Sie als Eltern über den eigenen Schatten springen und vielleicht doch das eine oder andere Ritual aufrechterhalten. Fragen Sie Ihr Kind, wie wichtig ihm bestimmte Rituale sind. Und vielleicht finden Sie auch eine Kompromisslösung, mit der alle Familienmitglieder gut leben können.

Feste in anderen Religionen, Glaubensgemeinschaften und Kulturen

In anderen Ländern gibt es in der Regel ganz andere kulturelle Rituale. Dies trifft natürlich auch für die unterschiedlichen Religionen zu. Erkundigen Sie sich doch mal, welche Religionsgemeinschaften es in Ihrer Nachbarschaft gibt und welche Rituale und Feste diese feiern. Sicher gibt es auch einen Tag der offenen Tür in der benachbarten Moschee, Synagoge oder dem buddhistischen oder hinduistischen Tempel. Vielleicht gehören auch Freunde oder Bekannten von Ihnen oder Freunde Ihres Kindes einer anderen Religionsgemeinschaft an oder stammen aus einer anderen Kultur. Diese erklären Ihnen sicher gerne ihre Feste oder lassen Sie vielleicht sogar an ihnen teilhaben.

Im Islam ist z. B. das Fest des Fastenbrechens, auch Zuckerfest genannt, von besonderer Bedeutung. Dieses wird am Ende des Fastenmonats Ramadan gefeiert. Zu diesem Fest gibt es Süßigkeiten in allen Variationen. Die Kinder werden für diesen Anlass komplett neu eingekleidet und bekommen meist auch das ein oder andere Geschenk.

In einigen Städten gibt es auch Führungen zu verschiedenen Religionsgemeinschaften und Kulturen. Z. B. gibt es in Köln bei www.kulturkluengel.de ganz tolle Stadtführungen zu diesem Thema. Schauen Sie doch einfach mal nach, ob es in Ihrer Stadt auch etwas Ähnliches gibt.

Weitere Brauchtümer

„Da in unserer Region der Karneval eine große Rolle spielt, war die Zeit bis zum Karnevalsumzug natürlich sehr wichtig. Meine Mutter und ich haben immer lange überlegt, als was ich zu Karneval gehen könnte. Meistens wollte ich zwar als Indianer verkleidet durch die Straßen ziehen, aber es hat auch ein paar andere Kostüme gegeben. Auf jeden Fall konnte meine Mutter gut nähen, und sie hat mir immer ein besonders schönes Kostüm genäht. Dadurch habe ich auch selber ein wenig Nähen gelernt. Wenn ich mir heute die alten Fotos anschaue, dann wird mir erst klar, wie viel Zeit meine Mutter in meine Kostüme gesteckt hat. Danke, Mutti!"

Welche Bräuche Sie als Familie pflegen, hängt meist davon ab, wo und wie Sie selber aufgewachsen sind. Bräuche werden oft regional unterschiedlich praktiziert. Viele Bräuche haben einen religiösen Hintergrund, der uns meist gar nicht so bewusst ist.

BRÄUCHE UND DAMIT VERBUNDENE RITUALE

Neujahr: In manchen Familien gibt es Neujahr immer „Neujahrshörnchen" (harte Waffelhörnchen mit einer süßen Sahnefüllung) oder „Neujahrsbrezeln". Oft werden zudem gute Vorsätze für das neue Jahr gefasst.

Valentinstag: Am 14. Februar ist Valentinstag. Ein sehr schönes Ritual ist es, an diesem Tag Herzkekse zu backen oder Herzen zu malen und auszuschneiden und diese an Freunde zu verschenken.

Karneval/Fasching: Dies wird regional sehr unterschiedlich gefeiert, gemeinsam ist aber wohl allerorts, dass sich verkleidet wird, was auch ein schönes Ritual sein kann (vielleicht darf das Kind die Pfeife des Vaters für sein Seemannskostüm ausleihen).

Biikebrennen: Dies ist ein friesisches Volksfest, welches am 21. Februar gefeiert wird. Die Flammen sollen den Winter austreiben. In manchen Orten werden beim Biikebrennen die Weihnachtsbäume auf einem großen Haufen verbrannt, anderorts gibt es sogar Fackelumzüge.

Schützenfest: In manchen Gegenden werden von den örtlichen Schützenvereinen Schützenfeste mit Festzelt und Umzügen gefeiert.

1. April: Der 1. April ist der Tag des Aprilscherzes, an dem jeder jeden nach Herzenslust veräppelt.

Rama Dama: In manchen ländlichen bayrischen Regionen findet im Frühjahr das „Rama Dama" statt, bei dem die Gemeinde ihre Bürger aufruft, an einem festen Termin gemeinschaftlich einen Frühjahrsputz im Ort durchzuführen.

Osterfeuer: In einigen Regionen Deutschlands werden zu Ostern große Osterfeuer gemacht, wo die ganze Nachbarschaft zusammenkommt und die Gartenschnitte in einem großen Feuer verbrannt werden.

Walpurgisnacht/Tanz in den Mai: Die Nacht vom 30. April auf den 1. Mai ist die Walpurgisnacht, ein Hexenfest, von manchen als solches gefeiert. Vielerorts wird in Deutschland aber einfach nur „in den Mai getanzt". In manchen Teilen Deutschlands werden auch traditionell „Maibäume" vor der Tür der Angebeteten aufgestellt. Für diesen Tag gibt es eine große Anzahl ganz unterschiedlicher Bräuche.

Sonnenwendfeuer: Anstelle eines Osterfeuers gibt es in einige Regionen Deutschlands um den 21. Juni herum ein Sonnenwendfeuer.

Muttertag: Findet immer am zweiten Sonntag im Mai statt. An Muttertag basteln Kinder ihren Müttern gerne kleine Geschenke oder tragen Gedichte vor. Oft werden sie vom Kindergarten oder von der Schule angeregt.

Oktoberfest: Ursprünglich ein großes Volksfest in München, was aber vielerorts inzwischen ebenfalls gefeiert wird.

Halloween: Die ist eigentlich kein deutscher Brauch, aber in den letzten Jahren hat sich dieses Datum (31. Oktober) immer mehr etabliert, und die Kinder feiern Halloween ähnlich wie Karneval und verkleiden sich.

Sankt Martin: Dieser alte christliche Brauch, wird in einigen Regionen Deutschlands praktiziert. Es wird dem heiligen Sankt Martin gedacht, der für seine Nächstenliebe bekannt war. In einigen Orten wird von den Kirchen das Sankt-Martins-Spiel organisiert, bei dem der heilige Martin im bitterkalten Winter seinen Mantel teilt, um einem armen Bettler das Leben zu retten. Nach dem Martinsspiel reitet der heilige Martin auf einem Pferd durch die Gemeinde und wird von Kindern und Erwachsenen mit hell leuchtenden Laternen begleitet. Oft spielt dazu eine Kapelle bekannte Martinslieder, welche alle fleißig mitsingen.

Von nicht kirchlichen Schulen und Kindergärten, die sich von dem religiösen Hintergrund distanzieren wollen, trotzdem aber nicht auf diese Tradition verzichten möchten, werden oft auch **Laternenumzüge** organisiert.

Weihnachtsmärkte: Der jährliche Besuch auf dem Weihnachtsmarkt ist ein wunderschönes vorweihnachtliches Ritual.

Silvester: Die Nacht von einem Jahr ins nächste wird von vielen Menschen zum Feiern genutzt. Um Mitternacht werden Raketen gezündet, um das neue Jahr zu begrüßen.

Es gibt sicher noch unzählige weitere Bräuche. Vielleicht kennen Sie selber noch andere, mit denen Sie aufgewachsen sind und die Sie gemeinsam mit Ihren Kindern weiter praktizieren möchten.

TIPP: NOCH EINE WICHTIGE LEKTION FÜR ELTERN!

Auch wenn Sie kein Fan von Karneval, Schützen- oder Oktoberfest sind: Versuchen Sie, Ihrem Kind die Feste möglichst vorurteilsfrei zu ermöglichen. Gerade in kleineren Gemeinden sind das Schützenfest und die Schützengemeinschaft wichtig für den Anschluss innerhalb der Gemeinde. Wenn Ihr Kind also zum Schützenfestumzug gehen möchte, dann gehen Sie doch einfach mal mit. Und wenn Ihr Kind sich gerne verkleiden möchte, dann zeigen Sie Ihrem Kind doch einmal den Karnevalsumzug.

Volksfeste, Kirmes & Co.

Schon bevor über der Stadt der Geruch von gebrannten Mandeln liegt und die Karussells mit lauter Musik und bunten Lichtern locken, kann man Kinder in der Regel kaum noch zu Hause halten.

Für viele Kinder kann es ein schönes Ritual sein, bereits beim Aufbau der Karussells mit ihren Eltern oder Großeltern zu schauen, wie die Arbeiten voranschreiten.

„Können Sie sich noch erinnern, wie Sie als Kind Ihre Eltern gedrängt haben, noch mehr Lose zu kaufen oder eine Zuckerwatte zu essen? Ich weiß es noch ganz genau und kann mich auch an unsere festen Kirmesrituale erinnern. Diese nutze ich auch in meiner Erziehung heute, da sie mir helfen, ein wenig Struktur in dieses Kirmeschaos zu bringen und nicht bankrott zu enden."

Machen Sie den Kirmesbesuch zu etwas Besonderem. Sie müssen nicht jeden Tag mit Ihrem Kind zur Kirmes gehen, Kinder sind mit deutlich weniger zufrieden, sie haben meist genauso viel Spaß daran, wenn sie anderweitig Zeit mit Ihnen verbringen.

Tipps für einen Kirmesbesuch

Um mehr Geld für die Kirmes zur Verfügung zu haben, wird im Kirmesmonat das Taschengeld einbehalten und zur Kirmes verdoppelt. Wer sein Taschengeld trotzdem normal bekommen mag, darf dies selber entscheiden, es wird dann aber nicht verdoppelt.

Vielleicht gibt es auch die Möglichkeit eines „Großeltern-Kirmesbesuchstages", je nachdem ob die Großeltern noch leben oder wie weit diese entfernt wohnen. Eventuell gibt es auch bei den Großeltern in der Stadt eine Kirmes, zu der Sie mit Ihrem Kind zu Besuch fahren können oder später Ihr Kind allein.

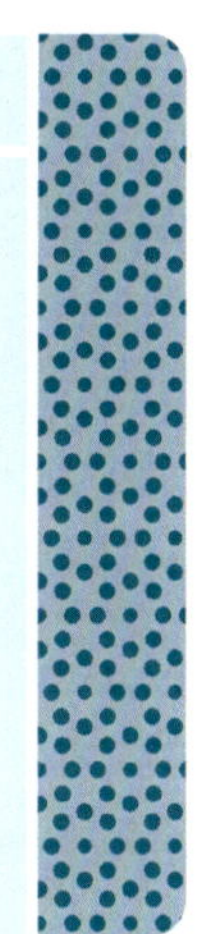

FAMILIENKIRMESTAG

Viele Familien gehen einmal mit der gesamten Familie über die Kirmes. Dazu bekommt jedes Kind sein (verdoppeltes) Taschengeld zur freien Verfügung, wenn es dies ausgeben möchte. Und es gibt für jeden ein Kontingent an Karussells und Losbuden etc. Legen Sie dies vorher fest, sodass Ihr Kind weiß, dass, wenn es innerhalb der ersten halben Stunde sein Kontingent verbraucht, nur noch auf sein eigenes Taschengeld zurückgreifen kann. Für was das einzelne Kind dieses Kontingent verbrauchen möchte, ist ihm freigestellt – lassen Sie es dann auch wirklich frei entscheiden, auch wenn es zum dritten Mal Lose zieht, obwohl es klar ist, dass es dort nicht wirklich etwas zu gewinnen gibt.

„An diesem Familienkirmestag wird der Ausflug mit einem gemeinsamen Essen auf der Kirmes abgeschlossen. Bei uns war dies immer am Crêpes-Stand! Wenn wir als Kinder uns halbwegs ordentlich benommen haben, haben wir auf dem Weg nach Hause immer noch gebrannte Mandeln und eine Tüte mit Waffeln gekauft."

Der Zirkus ist in der Stadt

Genau wie ein Kirmesbesuch kann es ein schönes Ritual sein, jedes Jahr dem Zirkus einen Besuch abzustatten. Bei Familie S. war fand dieser immer gemeinsam mit der Oma statt und war etwas ganz Besonderes. Für die Oma war es übrigens eines der schönsten Rituale im Jahr, was auch wieder zeigt, dass Rituale nicht nur für Kinder sind.

NEUE ODER AUSSERGEWÖHNLICHE SITUATIONEN

Vielleicht fragen Sie sich, warum Rituale bei Problemen oder in Lebenskrisen sinnvoll sein können? Gerade in schwierigen Zeiten können sie Ruhemomente schaffen und damit neue Kraft geben. Suchen Sie daher nach altgeliebten, wohlvertrauten Ritualen oder erfinden Sie ganz neue durch Handlungen und Bilder.

Das können ganz kleine, wiederkehrende Momente, wie beispielsweise das gemeinsame Anzünden einer Kerze, sein. Auch der gemeinsame Ruhepunkt, egal ob zeitlich oder örtlich, ist gerade für das Familienleben sehr wichtig, vor allem wenn es anders als sonst zugeht. Hier kann vielleicht eine spezielle Ecke in der Wohnung als eine Art Ruheinsel dienen, in die sich gemeinsam zurückgezogen werden kann.

Andere Rituale schaffen ein familiäres Zusammengehörigkeitsgefühl, was gerade in schwierigen Zeiten enorm wichtig und kraftspendend sein kann. Vielleicht basteln oder malen Sie gemeinsam ein Familienwappen oder finden etwas anderes, was den gemeinsamen Familienzusammenhalt symbolisiert.

Gerade wenn Veränderungen anstehen, ist es wichtig, Rituale zu nutzen und auch an bekannten Ritualen festzuhalten, denn diese geben Ihrem Kind in dieser Zeit besondere Sicherheit und Halt. Würden diese festen Bestandteile des Lebens auch noch wegfallen, wäre Ihr Kind wahrscheinlich sehr verunsichert.

Kummer und Sorgen bei Kindern

Wenn Ihr Kind Kummer oder Sorgen hat, gibt es wunderschöne Rituale, die ihm helfen können, mit seinem Kummer oder seinen Sorgen besser zurechtzukommen. Dies können ein Kummerkissen, die bekannten südamerikanischen Sorgenpüppchen oder ein „Sorgenfresserchen“ sein. „Sorgenfresserchen“ gibt es inzwischen in unterschiedlichsten Formen und Größen zu kaufen, Sie können sie aber auch selber nähen.

SORGENPÜPPCHEN

Sicher kennen Sie die südamerikanischen Sorgenpüppchen, denen man all seine Sorgen erzählen kann. Sie liegen über Nacht in ihrem Kästchen unter dem Kopfkissen und kümmern sich um die ihnen anvertrauten Sorgen, während man schläft. Am nächsten Morgen sind die Kümmernisse dann verschwunden. Solche Püppchen können Sie auch ganz leicht mit Ihrem (größeren) Kind selber basteln. Sie brauchen einfach nur bunte Pfeifenputzer und unterschiedlich farbige Wolle und kleine Stoffreste. Eine hübsch beklebte oder bemalte Streichholzschachtel oder ein kleines Stoffsäckchen kann das Zuhause der Sorgenpüppchen sein.

Krankheit

Wenn Kinder krank sind, dürfen Sie als Eltern auch mal alle fünfe gerade sein lassen. Erinnern Sie sich noch daran, was Ihre Eltern gemacht haben, wenn Sie krank waren?

„Wenn ich als Kind krank war, durfte ich immer auf einer Matratze neben dem Bett meiner Eltern schlafen oder mir aussuchen, wer von meinen Eltern bei mir mit im Zimmer schlafen sollte."

„Es gab immer ganz besondere Säfte oder gekühlte Früchte aus der Dose, wenn ich krank war."

„Als ich als Kind ins Krankenhaus musste, haben meine Eltern mir einen Arztkoffer für meine Puppen und Kuscheltiere geschenkt, sodass ich diese auch untersuchen und operieren konnte. Und wenn meine Mutter mich besucht hat, haben wir immer zuerst gemeinsam meinen Teddybären untersucht und geschaut, wie es ihm so geht. Meist ging es dem Bären so wie mir ..."

Kleine Besonderheiten lassen Kinder Krankheiten besser ertragen. Vielleicht muss Ihr Kind auch mal längere Zeit das Bett hüten und darf nicht herumspringen wie sonst. Da ist es wichtig, sich irgendetwas einfallen zu lassen, was Ihr Kind bei Laune hält und so die Krankheit für alle Beteiligten viel einfacher wird.

TIPP: IDEEN FÜR KRANKE KINDER

- Sie können für Krankentage beispielsweise immer ein oder zwei neue Bücher oder Hörspiele im Schrank verstecken, die Sie dann im Notfall schnell hervorzaubern können.
- Vielleicht darf Ihr Kind, wenn es krank ist, auch mal etwas mehr fernsehen, als es sonst erlaubt ist.
- Oder Sie kochen sein Lieblingsessen (natürlich nur, wenn das zur Genesung beiträgt).
- Vielleicht gibt es ausnahmsweise auch mal Cola und Zwieback oder Bananentoast.
- Eventuell darf Ihr Kind im elterlichen Bett schlafen.
- Die Katze darf ins Bett.
- Der Hund darf im Zimmer übernachten.

Überlegen Sie selber, womit Sie Ihrem Kind eine Freude bereiten können, damit es diese Zeit besser ertragen kann.

Rituale bei Schmerzen

Genau wie bei Krankheiten können Rituale bei Schmerzen sehr hilfreich sein, beispielsweise bei akuten Schmerzen. Wenn Ihr Kind hingefallen ist und eine Schramme am Bein hat, hilft häufig das „Aua-Pusten" hervorragend. Sie können sich hierzu auch bestimmte Bilder überlegen, z. B., dass Sie die Schmerzen auf Wolken setzen, die vorbeiziehen, oder sie in Seifenblasen hineinpusten und dann wegschicken. Ein ganz besonderes, buntes Pflaster kann ebenfalls Wunder wirken.

Oder kennen Sie den Zauber von magischen Zaubersprüchen? Probieren Sie doch einfach mal beim nächsten „Aua" einen Zauberspruch aus.

TIPP: ZAUBERSPRUCH GEGEN SCHMERZEN

„Hokus pokus fidibus, Zauberpuste, Zauberpflaster und ein kleiner Kuss, ene mene meck und der blöde Schmerz ist weg!"

Oder Sie singen ... ja, schon wieder Singen! Singen hat auf kleine Kinder eine ganz besondere Wirkung. Versuchen Sie es einfach einmal mit diesem, Ihnen sicher bekannten Lied.

HEILE, HEILE SEGEN!

Heile, heile, Segen! Sieben Tage Regen, sieben Tage Sonnenschein. Bald wird's wieder besser sein.

Heile, heile Kätzchen! Kätzchen hat vier Tätzchen. Lege auf ein' saub'ren Stein und dann heilt's von ganz allein.

Heile, heile, heile! Dauert noch 'ne Weile, dauert noch bis Rosmarein, dann ist lauter Sonnenschein.

Sie sollten aber anders vorgehen, wenn Ihr Kind chronische Schmerzen hat. Leidet es beispielsweise unter Bauch- oder Kopfschmerzen, die es möglicherweise immer nur dann bekommt, wenn es etwas nicht tun möchte, irgendwo nicht hingehen möchte, sich geärgert hat oder es traurig ist? Wenn die Abklärung der Schmerzen beim Kinderarzt ergeben hat, dass sie keine körperliche Ursache haben, verbirgt sich hinter den Schmerzen eher ein seelisches Leid. In diesem Fall helfen Sie Ihrem Kind am besten, wenn Sie es ablenken, indem Sie nicht auf den Schmerz fokussieren. Bewährt hat sich in solchen Fällen ein „Pop-up-Buch" (ein Bilderbuch, bei dem die Seiten aus Aufstellbildern bestehen, die sich beim Wenden der Seite aufstellen und kleine Kinder meist unheimlich faszinieren), bei älteren Kindern auch das schöne Ablenkungs-ABC-Spiel, bei dem zu bestimmten Kategorien immer im Wechsel z. B. Tiere des Alphabets genannt werden müssen. Sie können auch so abwechselnd ganz viele Tiernamen sagen. Etwas älteren Kindern kann man auch mal mit einem Schimpfwörter-ABC eine Freude machen.

Arztbesuche

Ein Besuch beim Kinderarzt ist nicht mit jedem Kind ein entspanntes Unterfangen. Spätestens wenn Ihr Kind mitbekommt, dass es eine Spritze bekommen und diese kurz zwicken könnte, ist die gute Laune dahin.

Aber auch hier können Rituale Ihrem Kind dabei helfen, etwas gelassener zum Arzt zu gehen.

„Bei uns gehört es dazu, egal bei welchem Wetter und wie spät oder früh es gerade ist, nach dem Arztbesuch ein Eis essen zu gehen (natürlich nicht bei Magen-Darm-Beschwerden)."

„Neben unserem Kinderarzt ist ein großes Sportgeschäft mit einer langen Rutsche und einem Computer, an dem Kinder leichte Puzzles und Memorys spielen können. Wenn ich meiner Tochter vor dem Arzt verspreche, nach dem Arztbesuch noch in dieses Geschäft zu gehen, läuft der Arztbesuch deutlich entspannter ab."

Was könnte Ihrem Kind helfen, ohne Stress zum Kinderarzt zu gehen?

Vielleicht mag es ja das Lieblingsstofftier mit in die Arztpraxis nehmen oder Sie gehen auch im Anschluss ebenfalls gemeinsam mit Ihrem Kind ein Eis essen oder das Kind darf sich anschließend einen Comic aussuchen. Überlegen Sie sich einen immer wiederkehrenden Ablauf. Dieses regelmäßige Ritual gibt Ihrem Kind ein Gefühl von Sicherheit, und es hat etwas, auf das es sich einstellen kann.

Kraft schöpfen

Sie als Eltern kennen bestimmt das Gefühl, vollkommen ausgelaugt und kraftlos zu sein. Was tun Sie dann? Der eine zieht seine Kraft aus Sport, der andere geht vielleicht in die Sauna oder lässt sich ein heißes Bad ein, und der Dritte kann neue Kraft schöpfen, wenn er sich mit Freunden trifft.

Es sollte für Ihr Kind selbstverständlich sein, dass Sie zum Sport gehen, sich mit Freunden treffen usw. Dies kann ebenfalls ein Ritual sein, dass z. B. die Mutter immer dienstags zum Pilates geht. Wenn Sie solche Rituale frühzeitig und konsequent installieren, ist dies für Ihr Kind eine Selbstverständlichkeit, und es gewöhnt sich daran. Zudem fungieren Sie als wichtiges Vorbild für Ihr Kind.

Auch Ihr Kind ist manchmal ausgelaugt, vielleicht weil ihm eine Erkältung in den Knochen steckt, es eine sehr stressige Woche oder Streit mit Freunden hatte. Oft merken Sie es daran, dass es müde und abgeschlagen wirkt, etwas gereizt ist oder eine unerträglich schlechte Laune hat.

Wenn dies der Fall ist, sollten Sie etwas tun, wodurch Ihr Kind neue Kraft tanken kann. Da jeder Mensch unterschiedlich ist, ist es auch hier wichtig, das genau für Ihr Kind passende Ritual zu finden, aus dem es Kraft schöpfen kann.

RITUALE ZUM KRAFTSCHÖPFEN

- Wenn Ihr Kind sehr aktiv ist und Kraft durch Auspowern schöpfen kann, legen Sie am Wochenende einen „Aktivtag“ ein. Gehen Sie beispielsweise Rad fahren, Schwimmen, Inliner fahren, im Wald klettern oder Buden bauen.
- Andere Kinder können Kraft aus einer schönen Massage schöpfen. Der ein oder andere von Ihnen kennt vielleicht noch die Handgriffe von der Babymassage. Nehmen Sie dafür ein wohlriechendes Massageöl (gerne mit Lavendel) und lassen Sie Ihrem Kind eine wohltuende Massage zukommen. Vielleicht machen Sie im Anschluss daran noch eine Fantasiereise.
- Wiederum andere Kinder reden gerne über Ihre Gefühle, Ängste und Probleme. Wenn sie kraftlos sind, liegt die Ursache oft dort. Lassen Sie Ihr Kind seine Probleme aufmalen oder aufschreiben und versuchen Sie, gemeinsam – vielleicht in Form eines Rollenspiels – das Problem zu lösen. Dieses Rollenspiel kann zu einem sehr mächtigen und hilfreichen Ritual werden, wenn sich Ihr Kind darauf einlässt. Gerade dann, wenn es feststellt, dass es wirklich Erleichterung erfährt, weil es über das Problem sprechen kann oder weil es tatsächlich eine Lösung „erarbeitet“!

Dies sind einige Anregungen, welche Rituale zum Krafttanken hilfreich sein könnten. Sie kennen Ihr Kind am besten, wissen, was ihm gut tut, wenn es ausgelaugt ist. Und auf diesem Wissen basierend, entwickeln Sie Ihr ganz eigenes Ritual.

Umzug

Ein Umzug bedeutet zumeist etwas Schönes, trotzdem ist er gerade für Kinder oft eine bedrohliche Veränderung. So sollen sie sich auf einmal in einer ganz neuen Umgebung zurechtfinden. In der neuen Wohnung oder dem Haus riecht es so anders und die beste Freundin oder der beste Freund ist auch nicht mehr da!

Aber wie können Sie Ihrem Kind helfen, besser mit diesen Situationen fertigzuwerden?

TIPP: UMZUG

Die erste Grundregel lautet: Halten Sie an Ihren gewohnten Ritualen fest!

Der Tagesablauf sollte sich nicht verändern! Frühstücken Sie beispielsweise zur selben Zeit, auch das Wecken und das Zubettgehen sollte genauso ablaufen wie vor dem Umzug.

Lassen Sie Ihr Kind sich ruhig an einem bestimmten Kuscheltier oder einer bestimmten Puppe festklammern. Es braucht diesen Gegenstand im Moment, denn er steht für das Kind jetzt für Sicherheit und Geborgenheit.

Vielleicht können Sie jeden Morgen gemeinsam die neue Wohnung begrüßen. Gehen Sie von Zimmer zu Zimmer und sagen Sie „Guten Morgen, Wohnzimmer! Guten Morgen Badezimmer! ...“ Das findet Ihr Kind bestimmt unheimlich lustig, und so lernt es das neue Zuhause immer besser kennen und verbindet damit ein schönes Gefühl der Gemeinsamkeit.

Neue Familienmitglieder

Eine Familie ist kein geschlossenes System, und es kommt immer wieder vor, dass neue Personen mit in diesen Kreis aufgenommen werden. Sei es durch Zuwachs oder aber auch durch neue Verwandte oder Lebensgefährten.

Für uns Erwachsene ist dies ziemlich normal, da wir es durch unseren Freundeskreis oder auch durch unsere Arbeit gewohnt sind, ständig mit neuen Menschen in Kontakt zu kommen und uns immer wieder auf diese Veränderungen und neuen Personen einzustellen.

Für Kinder ist dies nicht immer so einfach. Sie verstehen vielleicht nicht, warum der Onkel immer wieder eine neue „Tante" mitbringt oder es vielleicht eine neue „Oma" an Opas Seite gibt, obwohl „ihre" Oma doch im Himmel wohnt. Neue Familienmitglieder können natürlich auch neue Cousinen und Cousins sein.

Dass ein Freundeskreis sich verändern kann, das verstehen Kinder relativ schnell, aber das sind auch meist Menschen, die man nicht mit der Intensität sehen wird wie echte Familienmitglieder.

„Bis ich meinem Kind meinen neuen Lebenspartner vorgestellt hatte, hat es ziemlich lange gedauert, denn ich wollte mir erst ganz sicher sein, dass dieser auch langfristig eine Rolle in unserem Leben spielt. Außerdem war es mir wichtig, mein Kind langsam auf diese Veränderung vorzubereiten und genau zu erklären, dass der Papa nach wie vor der Papa sein wird und dass sich daran auch nie etwas ändern wird."

Tipp: Bevor Sie Ihrem Kind ein neues Familienmitglied vorstellen, halten Sie es genauso wie in dem Erfahrungsbericht oben und warten Sie so lange, bis Sie sich sicher sind, dass diese Person nicht beim nächsten Familientreffen schon wieder verschwunden ist.

Erklären Sie Ihrem Kind die Bedeutung des neuen Familienmitglieds. Wenn der Opa nach Omas Tod vielleicht eine neue Frau kennenlernt, heißt dies nicht, dass diese die Oma ersetzen soll, sondern dass diese Frau dem Opa vielleicht einfach das Lächeln wieder zurückschenkt. Vielleicht nennen Sie diese Frau dann auch nicht „Oma", sondern benennen Sie bei ihrem Vornamen.

Überlegen Sie ganz genau, welche Informationen Ihr Kind vertragen kann und welche nicht.

Willkommensrituale

Überlegen Sie sich ein Willkommensritual, wie Sie neue Familienmitglieder in den Kreis der Familie aufnehmen. Vielleicht hat Ihr Kind Lust, ein kleines Willkommensgeschenk zu basteln oder ein Bild zu malen, auf dem diese Person dann auch schon zu sehen ist.

Gemeinsam können Sie zudem den Lieblingskuchen der Familie backen und diesen gemeinsam essen.

Bei dem ersten Treffen können Sie vielleicht ein Foto von dem neuen Familienmitglied machen und das Foto mit an die Familienfotowand hängen. Als positiven Nebeneffekt werden Sie bestimmt feststellen, dass auch das neue Familienmitglied sich durch eine solche Geste gut in der Familie aufgenommen fühlt, wenn es das nächste Mal zu Besuch ist und das Foto sieht.

Ein Geschwisterchen kommt

Wenn die eigene Mutter wieder schwanger ist, kann dies zunächst eine sonderbare, vielleicht auch beängstigende Situation für Ihr Kind sein. Versuchen Sie am besten so früh wie möglich, Ihr Kind an die neue Situation zu gewöhnen. Auch hier kann ein Ritual helfen. Vielleicht kann Ihr Kind dem ungeborenen Baby jeden Tag einen „guten Morgen“ und eine „gute Nacht“ wünschen, indem es einen Kuss auf Mamas Bauch drückt und die Worte sagt. Vielleicht mag Ihr Kind dem Bauch auch etwas erzählen oder vorsingen. So wird es von Beginn an einen Bezug zu dem Baby bekommen und vor allem die Veränderungen im Bauch mitbekommen, merken, wie der immer runder und fester wird, was für Geräusche er macht und vielleicht auch spüren, wie sein zukünftiges Geschwisterchen sich im Bauch bewegt.

Denken Sie mal darüber nach, Ihrem Kind während der Schwangerschaft eine Babypuppe schenken. Mit dieser kann es dann schon einmal den Umgang mit dem Geschwisterchen üben. Sie können mit ihm üben, wie es auf dem Sofa mit dem Baby auf dem Schoß sitzen darf und wie man das Köpfchen zu halten hat. Gemeinsam können Sie auch das Wickeln und Umziehen trainieren und überlegen, was ein Baby denn so alles benötigt, wenn es auf der Welt ist. In den meisten Städten gibt es an Krankenhäusern oder in Hebammenpraxen sogenannte „Geschwisterkurse“, in denen Kinder den Umgang mit den Neugeborenen gezeigt bekommen.

Überlegen Sie gemeinsam mit Ihrem Kind, was es seinem Geschwisterchen zur Geburt schenken könnte, und gehen Sie das Geschenk gemeinsam kaufen. Vielleicht ein ganz besonders schönes Kuscheltier oder ein Schmusetuch. Zeigen Sie Ihrem Kind zu diesem Anlass, was es selber als Baby ganz toll fand. Vielleicht möchte Ihr Kind seinem Geschwisterchen auch etwas von sich schenken.

Das Geschwisterchen wird geboren

Irgendwann ist der große Tag gekommen, an dem das neue Baby auf die Welt kommt. Sobald es endlich da ist, sollte Ihr Kind die Möglichkeit haben, es ausgiebig zu begrüßen und sein sorgsam ausgewähltes Geschenk zu überreichen.

Vielleicht bringt das neue Geschwisterchen seinem großen Bruder oder seiner großen Schwester ja auch ein Willkommensgeschenk mit (was Sie natürlich ausgesucht haben). Darüber wird Ihr großes Kind sich bestimmt freuen.

Der erste Tag des Geschwisterchens zu Hause

Der Tag, an dem das neue Baby aus dem Krankenhaus nach Hause kommt, ist für die gesamte Familie ein bedeutender Moment. Wie wird das „große" Kind auf diese neue Situation reagieren? Auch wenn man vorher häufig das Thema „Geschwisterchen" besprochen hat, kann es sein, dass alles ganz anders abläuft als erwartet oder erhofft.

Versuchen Sie Ihr Kind in die Vorbereitungen für die Ankunft miteinzubeziehen, lassen Sie es z. B. ein Willkommensbanner malen oder Babykleidung an einer Wäscheleine befestigen, die Sie dann gemeinsam vor der Haustür aufhängen.

Vielleicht mag Ihr Kind auch ein Begrüßungslied für Mama und Baby singen?

Wenn das Neugeborene dann da ist, lassen Sie Ihr großes Kind helfen, wo es möglich ist. Es kann Ihnen z. B. beim Stillen das Spucktuch reichen und mit darauf achten, ob das Baby ein Bäuerchen macht. Beim Wickeln kann es Ihnen die Feuchttücher oder eine Wundcreme reichen. Erklären Sie ihm immer genau, warum Sie etwas machen. Wenn Ihr Kind versteht, wozu etwas wichtig ist, sieht es dies nicht als so störend an.

Wenn das Baby schläft, nehmen Sie sich Zeit für Ihr großes Kind. Gerade in den ersten Tagen ist es ganz wichtig, dass es sich nicht vernachlässigt fühlt, denn sonst wird es den Nachwuchs eher als unliebsamen Störenfried ansehen.

Bereiten Sie an Babys erstem Tag zu Hause das Lieblingsessen Ihres „Großen" vor. Vielleicht kaufen Sie auch ein T-Shirt, auf dem „Großer Bruder" oder „Große Schwester" steht.

Trennung der Eltern

> „Im Alter von vier Jahren, nach dem Auszug meines Vaters, hat meine Mutter mich ermuntert, einmal in der Woche einen Brief an meinen Vater zu verfassen. Meistens habe ich Bilder gemalt oder getrocknete Blumen verschickt. Meine Mutter hat die Briefe mit Adresse und Briefmarke versehen, und ich habe sie in den Briefkasten geworfen."

Inzwischen ist es nicht mehr ungewöhnlich, dass ein Elternteil die Familie verlässt, aber trotzdem ist es für Kinder oft unverständlich, dass dieser Elternteil nicht mehr ständig präsent ist.

Wir hoffen natürlich, dass die Trennung im Guten vollzogen wurde und Sie dann gerade in der Anfangsphase vereinbaren, dass der Papa oder die Mama trotzdem jeden Abend zum Gutenachtsagen anruft. Denn dann bleibt etwas Vertrautes bestehen, und Ihr Kind merkt, dass sich zwar vieles durch diese Trennung verändert, aber dass es weiterhin viel Gewohntes geben wird.

Wichtig ist auch, dass Sie schon relativ schnell eine verlässliche Regelung zu den Zeiten bei dem anderen Elternteil treffen. Dies kann ein bestimmter Tag in der Woche sein und/oder jedes zweite Wochenende. Schauen Sie, wie Sie das als Eltern am besten einplanen können. Und beachten Sie, dass diese festen Termine für Ihre Kinder ganz wichtig sind. Deshalb gilt es, diese immer einzuhalten und nach Möglichkeit nie oder nur in ganz dringenden Ausnahmefällen zu verschieben. So lernt Ihr Kind nämlich, dass es sich nach wie vor auf beide Eltern verlassen kann. Im Idealfall schaffen es beide Elternteile, dem Kind das Gefühl zu geben, dass es bei dem anderen gut aufgehoben ist und eine gute Zeit hat.

Machen Sie Ihr Kind nicht zum Spielball der Trennung. Vermitteln Sie ihm auf jeden Fall, dass es keine Schuld trägt! Wenn Ihnen das gelingt, sind Sie tolle Eltern, auch wenn Sie getrennt leben!

„Meine Tochter geht immer freitags mit ihrem Papa schwimmen. Dabei haben beide eine Menge Spaß und ganz viel Zeit, sich über wichtige Dinge auszutauschen."

„Am ‚Papawochenende' besuchen wir zusammen einen Kletterkurs."

„Mamawochenenden liebe ich immer ganz besonders, weil es dort Pferde gibt und ich reiten darf."

„Jeden zweiten Sonntag habe ich zusammen mit meinem Vater die Schwimmhalle besucht, und anschließend sind wir Pizza essen gegangen."

Auch wenn der Papa oder die Mama vielleicht nicht mehr mit der Familie zusammenwohnt, sollten Sie sich als Eltern bewusst sein, dass Ihr Kind Sie zu besonderen Anlässen auch mal beide zusammen braucht.

Zu Schulfeiern, Sportveranstaltungen oder auch am Kindergeburtstag sollten Sie, wenn es irgendwie möglich ist, versuchen, Ihre Trennung zu vergessen, und Ihrem Kind zuliebe als Eltern auftreten. Dies ist meist ein langer und oft auch steiniger Weg, aber wenn Sie diesen geschafft haben, werden Sie merken, dass Ihr Kind viel entspannter mit dieser Situation umgeht.

Umgang mit Tod und Trauer

Der Tod eines Menschen ist sehr oft angstbesetzt. Vielleicht möchten Sie als Eltern Ihr Kind am liebsten vor diesem Thema schützen. Vielleicht denken Sie, dass Ihr Kind unbeschwert und fröhlich groß werden soll. Leider tritt der Tod aber immer wieder in unser Leben. Kleine Kinder finden tote Tiere auf dem Spielplatz oder hören vom Tod aus dem Fernsehen.

Wenn Menschen versterben, ist dies für Kinder oft zunächst verstörend und beängstigend. Sie können meist gar nicht begreifen, dass ein geliebter Mensch nicht mehr da ist, und fragen immer wieder, wann dieser denn zurückkommt. Umso wichtiger ist es, dass Sie Ihrem Kind die Möglichkeit geben, sich von dem Verstorbenen verabschieden zu können.

Die Sterbekultur hat sich im Laufe der Jahrhunderte geändert. Früher starben die Menschen in der Regel zu Hause, im Kreise der Familie. Der Verstorbene wurde aufgebahrt, und alle Verwandte, Freunde und Nachbarn verabschiedeten sich von ihm. Es war ein normales Ritual, auch für Kinder. In diesem Umfeld gab es feste Rituale, die den Menschen Sicherheit und Trost gaben.

Nur selten findet man diese Rituale auch heute noch. Der Tod hinterlässt mehrheitlich allerdings Fragen und Unsicherheiten. Auf der anderen Seite erleben wir positiv, dass individuelle Abschiedsformen auch möglich sind.

So ist es heute durchaus üblich, bei Beerdigungen nicht nur Schwarz zu tragen. Und wenn man es wünscht, ist es auch heute häufig möglich, sich von Verstorbenen zu verabschieden, wenn sie im Bestattungsunternehmen aufgebahrt werden.

„Wenn Menschen aus unserem Bekannten- und Verwandtenkreis verstorben sind, habe ich, als ich klein war, Bilder gemalt oder einen Brief geschrieben, den ich bei der Beerdigung auf den Sarg geworfen habe. Bei meiner Oma habe ich ein ganz besonderes Erinnerungsstück, das für mich meine Beziehung zu meiner Oma symbolisiert hat, auf den Sarg geworfen."

„Wann immer ich heute an ein Grab komme, wo jemand beerdigt wurde, den ich kenne, halte ich kurz inne, denke an eine wunderschöne Situation, die ich mit diesem Menschen hatte und zünde eine Kerze an. Dies war in meiner Familie ein bestimmtes Ritual, und dies werde ich auch mit meinen Kindern so praktizieren."

„Als wir das erste Mal mit dem Thema Tod konfrontiert wurden, war meine Tochter vier Jahre alt und ziemlich fertig, da sie auf einmal Angst hatte, dass jeder, den sie gern hat, sterben könne. Um ihr das Thema Tod etwas kindgerechter erklären zu können, sind wir auf das wunderbare Buch ‚Der Besuch vom kleinen Tod' von Kitty Crowther gestoßen. Mit dessen Hilfe konnten wir unserer Tochter eine Menge Angst nehmen."

Im Folgenden möchten wir Ihnen einige Tipps geben, wie Sie Ihr Kind beim Abschied miteinbeziehen können.

TIPP: SO KANN SICH IHR KIND VOR DER BEERDIGUNG VERABSCHIEDEN

Ermöglichen Sie Ihrem Kind, sich von dem Verstorbenen zu verabschieden, wenn es dies möchte. Es ist wichtig, dass eine Fantasie ein reales Bild erhält. Besprechen Sie mit dem Bestatter oder innerhalb der Familie, wer am besten mit den Kindern zum Verstorbenen gehen kann. Ihr Kind kann beispielsweise ein gemaltes Bild, ein Spielzeug oder einen Abschiedsbrief in den Sarg legen. Die Verweildauer sollte Ihr Kind selbst bestimmen. Beachten Sie, dass bei einer Feuerbestattung die Zeit der Verabschiedung sehr kurz sein kann.

Die Vorbereitung auf die Beerdigung

Für Kinder ist es ein sehr abstrakter Gedanke, dass in dem Sarg die Oma liegen soll. Ist es die erste Beerdigung für Ihr Kind, ist es wichtig, dass Sie es darauf vorbereiten. Vielleicht besuchen Sie im Vorfeld gemeinsam den Friedhof und erklären ihm den Ablauf. Dazu gehören auch Informationen wie: Wie tief ist ein Grab? Warum tragen viele Gäste schwarze Kleidung? Warum werden Menschen beerdigt?

Überlegen Sie sich vor der Beerdigung, wer sich während der Zeremonie um Ihr Kind kümmern soll, falls Sie dies nicht selber tun können. Wählen Sie in Rücksprache mit Ihrem Kind jemanden aus und besprechen Sie die Situation mit der Person.

Lassen Sie Ihr Kind, wenn es dies möchte, beispielsweise ein Kuscheltier mit zur Beerdigung nehmen, als „Trauerbegleiter" und Trostspender oder einen anderen besonderen Talisman, vielleicht einen schönen Stein. Weiterhin soll es die Möglichkeit erhalten, jederzeit die Beerdigung verlassen zu können, worauf die Person, die sich um Ihr Kind kümmert, vorbereitet sein sollte.

SO BINDEN SIE IHR KIND JE NACH ALTER BEI DER VORBEREITUNG MIT EIN

- Gestaltung der Anzeige
- Lieder aussuchen, evtl. ein Lieblingslied des Verstorbenen einspielen
- Texte aussuchen und vorlesen
- eine Kerze für die Trauerfeier gestalten
- Symbole für den Verstorbenen finden
- eher selten, aber schön: den Sarg bemalen oder schmücken
- einen Abschiedsbrief schreiben oder Bilder malen, die mit in den Sarg des Verstorbenen gegeben werden
- Kleidungswahl: Es muss nicht Schwarz sein!

Falls Ihr Kind nicht mit zur Beerdigung kommt, sollten Sie zu einem späteren Zeitpunkt gemeinsam zum Grab des Verstorbenen gehen, damit es sich von dem geliebten Menschen verabschieden kann.

Die Zeit nach der Beerdigung

Der Friedhof ist ein Ort, an dem man sich an den Verstorbenen erinnern kann. Kinder können ihre ganz eigenen Erinnerungsorte haben, beispielsweise in ihrem eigenen Zimmer, oder auch persönliche Lieblingsplätze.

Um Erinnerungen an einen Verstorbenen schön und sicher aufzubewahren, können Sie beispielsweise mit Ihrem Kind ein Erinnerungsbuch gestalten oder eine Schatzkiste basteln. Ein Erinnerungsbuch kann Texte, Gedichte, Gebete, Bilder oder auch eingeklebte Dinge, wie z. B. die Eintrittskarte von einem gemeinsam besuchten Konzert o. Ä., beinhalten. Schatzkisten eignen sich hervorragend, um darin Fotos, Schmuck, Geschenke oder andere Dinge, die Ihrem Kind in Zusammenhang mit dem Verstorbenen wichtig sind, aufzubewahren (Sand oder Muscheln vom Lieblingsstrandurlaub, eine gemeinsam gefundene Feder oder, oder, oder).

Eine Schatzkiste können Sie auch prima mit Ihrem Kind selber basteln und bekleben, schon dadurch wird sie zu etwas ganz Besonderem. Vielleicht bekommt die Kiste oder das Erinnerungsbuch auch einen besonderen Platz im Zimmer Ihres Kindes oder an einem anderen Ort. Vielleicht holen Sie das Buch oder die Kiste zu bestimmten Anlässen hervor und schauen gemeinsam dort hinein oder Sie nutzen sie, wenn Ihr Kind traurig ist.

Die besondere Bedeutung von Kerzen

Kerzen haben in der Regel eine ganz besondere Bedeutung, und das Anzünden einer Kerze an sich ist häufig schon ein schönes Ritual. Dies kann auf unterschiedliche Weise praktiziert werden.

Eine selbst gestaltete Kerze, zum Beispiel eine mit Wachs beklebte, dicke Kerze oder eine selbst gezogene Kerze, kann ein schönes Trauerritual für Sie und Ihr Kind sein. Diese, vielleicht auch extra für die Beerdigung gestaltete Kerze, können Sie dann an entsprechenden Ihnen wichtigen Tagen im Jahr (Geburtstag, Jahrestage oder auch spezielle Feste wie etwa Weihnachten usw.) gemeinsam entzünden.

Oder Sie zünden eine Kerze in der Kirche oder auf dem Friedhof an oder nehmen eine Kerze mit an einen Ort, an den Sie gemeinsam mit Ihrem Kind an einem besonderen Tag fahren. Beispielsweise könnten Sie an jedem Todestag der verstorbenen Person mit Ihrem Kind gemeinsam ans Meer fahren und dann dort eine Kerze anzünden.

CANDLE LIGHTING DAY

Jedes Jahr am zweiten Sonntag im Dezember ist der weltweite „Tag des Kerzenleuchtens", an dem an alle verstorbenen Kinder gedacht wird. Die Initiatoren dieses Tages laden an diesem Tag Angehörige in der ganzen Welt dazu ein, ihrer verstorbenen Kinder, Enkel und Geschwister noch einmal besonders zu gedenken und eine Kerze aufzustellen. Diese Kerze soll um 19 Uhr entzündet und auf das Fensterbrett gestellt werden.

Jede Kerze im Fenster zeigt so, dass die verstorbenen Kinder das Leben erhellt haben und sie nicht vergessen werden. Das Kerzenlicht schlägt so symbolisch eine Brücke von einem betroffenen Menschen zur nächsten Familie, von einem Haus zum anderen, von einer Stadt zur anderen, von einem Land zum anderen. So wird im Laufe des Abends eine bildliche Lichterkette rund um die ganze Welt gespannt.

Wenn auch Sie in Ihrer Familie ein Kind verloren haben und diesem noch einmal ein paar Minuten Gedenkzeit widmen möchten, dann ist dies ein schönes Ritual, das Sie auch mit Ihren Kindern begehen können.

Spezielle Trauergruppenangebote für Kinder und Jugendliche

Es gibt spezielle Gruppenangebote für trauernde Kinder und Jugendliche. Dort können Kinder und Jugendlichen, die eine wichtige Bezugsperson verloren haben, trauern. Sie haben dort die Möglichkeit, sich mit anderen auszutauschen und zu erfahren, dass sie mit ihrer Trauer nicht alleine sind. Dort sind viele Rituale ein fester Bestandteil jeder Stunde. Diese geben Sicherheit und verbinden untereinander. Beispielsweise kann es sein, dass die Kinder in jeder Gruppenstunde gemeinsam eine Gruppenkerze und auch ein Licht für ihren jeweiligen Verstorbenen aufstellen und dies benennen, was ihnen in der Regel sehr wichtig ist.

Je nach Alter und Gruppenzusammensetzung können ganz unterschiedliche Formen und Rituale wichtig sein. Manche davon lassen sich gut in den Alltag integrieren, andere verbleiben in der Gruppe. So kann der Besuch einer speziellen Trauergruppe für Kinder und Jugendliche eine wichtige zusätzliche Unterstützung für Sie als Familie sein. Vielleicht finden Sie ein Angebot in Ihrer Nähe.

Schöne Trauerritualbeispiele

Wie können Sie es schaffen, dass Ihr Kind sich gut von der verstorbenen Person verabschieden kann und den Tod begreift?

- Überlegen Sie mit Ihrem Kind gemeinsam, was den oder die Verstorbene ausgemacht hat. Hat die Oma vielleicht immer einen besonderen Kuchen gebacken, wenn das Enkelkind zu Besuch kam? Dann backen Sie mit Ihrem Kind genau diesen Kuchen und denken Sie dabei ganz fest an die geliebte Oma. Dies könnte nun ein eigenes festes Ritual werden, welches Sie von nun an immer am Todestag des Verstorbenen durchführen, um an ihn zu denken.
- Oder Sie schauen zusammen im Dunkeln die Sterne an und suchen einen aus, von dem aus der oder die Verstorbene jetzt zu Ihnen runterguckt.
- Erzählen Sie sich Geschichten, die Sie zusammen mit dem oder der Verstorbenen erlebt haben.
- Malen oder schreiben Sie der oder dem Verstorbenen etwas auf und schicken Sie die Karte an einem Luftballon in den Himmel.
- Gehen Sie zum Grab mit Ihrem Kind, dann hat es einen Ort, zu dem die Oma „gegangen“ ist. Pflanzen Sie dort eine schöne Blume, pflegen Sie diese immer wieder gemeinsam mit Ihrem Kind und gehen Sie so immer wieder die Oma „besuchen“. Oft wird aber auch erklärt, dass nur der Körper hier liegt und der

Geist oder die Seele im Himmel ist. Handhaben Sie das je nach Alter, wie Ihr Kind das verstehen kann und wie Ihre eigene Vorstellung dazu aussieht.

„Als mein Neffe, der Cousin meiner Tochter, verstarb, habe ich ihr erklärt, dass er jetzt wie ein Engel im Himmel lebt. Daraufhin hat sie ihm ein Bild gemalt, und wir haben es an einem mit Helium befüllten Ballon in den Himmel steigen lassen."

Wenn ein Haustier stirbt

Manchmal scheint es so, als ob Kinder der Tod eines Haustieres viel heftiger trifft als der Tod eines Verwandten. Je nach Nähe zu dem Tier ist dies gut möglich. Nehmen Sie Ihrem Kind das auf keinen Fall übel. Tiere können sehr wichtige „Bezugspersonen" im Leben eines Kindes sein. Und der Tod des geliebten Tieres kann ein sehr einschneidendes Erlebnis sein. Umso wichtiger ist es für das Kind, mit diesem Erlebnis richtig umzugehen. Ein wunderschönes Kinderbuch hierzu: „Die besten Beerdigungen der Welt" von Ulf Nilsson.

Helfen Sie Ihrem Kind in der Trauerzeit mit einem schönen Ritual wie z. B. dem einer unserer Mitautorinnen:

„Als mein Kaninchen verstorben ist, haben mein Vater und ich es damals in einen mit Moos ausgelegten und auf der Oberseite bemalten Schuhkarton gebettet, eine schöne Topfpflanze gekauft und das Kaninchen in einem abgelegenen Stück Wald beerdigt. Die Pflanze haben wir am Grab eingepflanzt. Kleinere Tiere (Wellensittich, Hamster, Schmetterlinge etc.) wurden alle feierlich im Garten bestattet. Zum Abschied haben wir immer ein schönes Lied gesungen oder eine Geschichte erzählt, die dem Tier bestimmt gut gefallen hätte. Für mich als Kind war dies genau der richtige Weg, und wenn jetzt irgendwann der Kater meiner Tochter verstürbe, würde ich dies genauso handhaben."

IMMER IN BEWEGUNG BLEIBEN

Auch wenn Kinder heutzutage unter anderem durch die schulische Belastung und zahlreiche andere Verpflichtungen nicht mehr so viel Freizeit wie früher haben, sollten Sie den Gedanken an Rituale in der Freizeit nicht fallen lassen.

Gerade in der schönen, wenigen Freizeit, die Sie mit Ihren Kindern verbringen können, können die kleinen Rituale diese Zeit noch weiter verschönern. Hängen Sie den Begriff der Rituale aber nicht zu hoch auf! Reduzieren Sie ihn hier auf die „Regelmäßigkeit". Mit jeder Unterstützung der Regelmäßigkeit helfen Sie Ihrem Kind, konstanter zu werden und mehr Sicherheit und auch Durchhaltevermögen zu erlernen.

Bewegungsunlust gar nicht erst aufkommen lassen

„Da unser Haus auf einem Berg steht und meine Oma unten am Berg wohnt, mussten wir oft den steilen Berg hochlaufen. An einer besonders steilen Stelle haben wir gleichgroße Schritte gemacht, und Mama hat einen Spruch aufgesagt, zu dem wir die entsprechenden Bewegungen gemacht haben. Diesen Spruch haben wir so lange gemeinsam laut aufgesagt, bis wir oben auf dem Berg waren. So sind wir munter singend den Berg hochgekommen."

Jeder Mensch ist anders, und so gibt es auch unter Kindern die unterschiedlichsten Charaktere. Der eine ist sehr aktiv und sportbegeistert, der andere liest gerne und entdeckt so neue Fantasiewelten, und der Dritte geht vielleicht total im Spiel mit anderen auf.

EIN–HUT–EIN–STOCK–EIN–RE–GEN–SCHIRM

Und eins, und zwei, und drei, und vier, und fünf, und sechs, und sieben, und acht, und neun, und zehn, ein Hut (einen imaginären Hut zum Gruß heben), ein Stock (auf einen gedachten Stock stützen), ein Regenschirm (einen gedachten Regenschirm über den Kopf halten), und vorwärts, rückwärts, seitwärts, ran (hierbei die entsprechenden Bewegungen mit dem rechten Fuß machen), hoch (ganz groß machen), runter (in die Knie gehen), Lady Bamm (mit der Hüfte wackeln). Und dann geht es von vorne los ...!“

So unterschiedlich wie die Interessen der Kinder sind, so unterschiedlich ist auch ihr Bewegungsverhalten. So gibt es absolute Bewegungsmuffel, die sich freiwillig nicht mehr als notwendig bewegen. Dies ist natürlich alles andere als gesund und kann in späteren Jahren zu schwerwiegenden gesundheitlichen Problemen führen.

Am besten sollten Sie Ihr Kind schon früh daran gewöhnen, dass regelmäßige Bewegung wichtig ist, so wirken Sie der Bewegungsunlust frühzeitig entgegen.

Wie können Sie Ihr Kind am besten an regelmäßige Bewegung gewöhnen? Seien Sie aktiv! Lassen Sie oft das Auto stehen und gehen Sie viele Wege zu Fuß mit Ihrem Kind, fahren Sie mit dem Fahrrad, nehmen Sie ein Laufrad oder einen Roller mit auf Ihre Spaziergänge. Ihr Kind können Sie bei längeren Fußmärschen mit kleinen Spielchen motivieren.

Zur Motivation gehört natürlich, dass Sie die Spiele mitmachen.

Machen Sie zusammen „Bewegungsausflüge“ – gehen Sie gemeinsam Schwimmen, Schlittschuhlaufen, klettern Sie im Wald Hügel hoch und runter oder wandern Sie auch einfach nur durch den Wald.

MOTIVIERENDE BEWEGUNGSRITUALE

- Lassen Sie Ihr Kind z. B. immer zu einem bestimmten Punkt vorrennen.
- Lassen Sie es mal wie einen Bären und mal wie einen Puma laufen.
- Spielen Sie „Engelchen flieg", indem Sie es zwischen sich nehmen und dann auf Kommando an den Armen hochheben.
- Versteckspiele im Wald machen viel Spaß.
- Verbinden Sie den Spaziergang mit einem Abstecher beim Wildgehege und schauen Sie, ob die Tiere Junge bekommen haben.
- Mit größeren Kindern können Sie Geocaching spielen.
- Spielen Sie miteinander Fangen.
- Setzen Sie ein Papierschiff in den Fluss oder in einen Bach und laufen Sie am Rand mit.

Vielleicht können Sie das Ritual einer gemeinsamen „Sportstunde" pro Woche einlegen. Sie können dies natürlich auch jeden Abend, vor dem Abendbrot machen – je nachdem, wie motiviert Sie selber sind oder wie sehr Sie Ihr Kind motivieren können. Bei diesen gemeinsamen Sportstunden können Sie sich abwechselnd unterschiedliche Turn- oder Gymnastikübungen vormachen. Erst sind Sie mit Dehnungsübungen an der Reihe, die Ihr Kind nachmachen soll, danach darf sich Ihr Kind etwas aussuchen (Hüpfen, Hampelmann etc.). Das Ganze geht dann abwechselnd, je nach Teilnehmerzahl über einen gewissen Zeitraum, weiter. Sie werden merken, dass Ihrem Kind dies viel Spaß macht und es sich ziemlich lustige und schwierige Übungen ausdenken wird, nur um zu sehen, wie Sie sich verrenken.

Bewegung mit der ganzen Familie

Am Wochenende geht es bei uns mit der ganzen Familie bei jedem Wetter nach draußen in den Wald. Das ist selbst für absolute Bewegungsmuffel etwas Tolles. Im Wald werden Hügel rauf- und runtergeklettert, umgekippte Baumstämme und große Äste zusammengesucht und daraus wird dann eine Bude mitten im Wald gebaut. Manchmal werden unsere Buden, bis wir das nächste Mal wieder im Wald sind, von anderen weitergebaut, manchmal werden sie auch zerstört. Aber das ist nicht schlimm, wir machen einfach weiter! Dabei hat jeder Spaß und bekommt ein wenig Bewegung.

Sollte es uns mal doch zu kalt oder zu nass für den Wald sein, fahren wir gemeinsam ins Schwimmbad und verbringen dort viel aktive Zeit miteinander.

Erfinden Sie Ihr eigenes „Bewegungsfamilienritual“, egal ob dies der Waldausflug am Wochenende ist, der Trimmpfad, die Radtour am ersten Maiwochenende mit Freunden oder der Schwimmbadbesuch.

Sport im Verein

Waren oder sind Sie selber in einem Sportverein aktiv?

Kinder lernen in Sportvereinen schon früh Regeln kennen, die in Gruppen herrschen. Sie müssen lernen, dass nicht immer alle gleichzeitig an der Reihe sind und jeder Einzelne auch eine gewisse Verantwortung für die Gruppe trägt.

Es kann auch ein schönes Ritual sein, Urkunden oder Pokale, die durch sportliche Leistungen gewonnen wurden, zu feiern und an einem besonderen Platz in der Wohnung aufzustellen.

Melden Sie Ihr Kind schon frühzeitig in einem Sportverein an, so schaffen Sie es meist völlig unkompliziert, es für Sport und Bewegung im Allgemeinen zu begeistern. Starten Sie vielleicht mit Eltern-Kind-Angeboten – gemeinsam macht Sport am meisten Spaß!

Wenn Sie einen Sportverein auswählen, schauen Sie sich vorher das Programm gut an. Es gibt Vereine, die ein breit gefächertes Angebot (wie z. B. Turnen, Tanzen, Selbstverteidigung, Schwimmen etc.) für jede Altersklasse anbieten. Das ist besonders für Kinder interessant, da sie in jungen Jahren häufig mal die Sportart wechseln, um etwas anderes auszuprobieren.

„Ich war schon als Kleinkind immer aktiv in verschiedenen Sportvereinen. Erst war ich beim Mutter-Kind-Turnen und als ich größer war, habe ich das vielfältige Angebot von Sportvereinen ausgenutzt und in viele unterschiedliche Bereiche reingeschnuppert. Später habe ich mich auf den aktiven Reitsport festgelegt und war in einem Reitverein angemeldet."

„Ich fand es immer sehr toll, in einem Sportverein aktiv zu sein, es gab ein großes Zugehörigkeitsgefühl und immer wiederkehrende tolle Aktionen und Feiern, die vom Sportverein organisiert wurden."

„Meine Tochter betreibt aktives Geräteturnen. Mit ihrer Mannschaft fährt sie regelmäßig zu Einzel- und Gruppenwettkämpfen. Die tragen dazu bei, dass sie mutiger und selbstbewusster wird. Außerdem trainiert sie ehrgeizig, damit sie stetig bessere Ergebnisse erzielt. Trotzdem kommt das Spiel nie zu kurz, denn es sind Kinder, die noch nicht so diszipliniert trainieren können wie Erwachsene. Vom Sportverein werden auch Ausflüge und Feiern organisiert, bei denen viele Kinder und Jugendliche aufeinandertreffen, die in unterschiedlichen Ligen turnen, und alle haben eine Menge Spaß miteinander."

Gehen Sie mit Ihrem Kind zu „Schnupperstunden". In den meisten Sportvereinen kann man mindestens zwei- bis dreimal pro Sportart kostenlos mitmachen, bevor man sich zu einer Mitgliedschaft entschließen muss. So hat Ihr Kind die Möglichkeit zu schauen, wo es sich am wohlsten fühlt. Beobachten Sie es bei diesen „Schnupperstunden". Schauen Sie, wie es sich in der Gemeinschaft mit den anderen Kindern oder auch den Übungsleitern verhält. Wenn Sie bemerken, dass Ihr Kind sich unwohl fühlt und das vielleicht auch noch entsprechend äußert, wird sich dies sehr wahrscheinlich in den nächsten Wochen auch nicht ändern. Suchen Sie dann lieber nach einer Alternative, denn ansonsten werden Sie immer den Ärger haben, dass Ihr Kind nicht zum Sport gehen möchte.

Auch wenn die Auswahl eines Sportvereins vielleicht noch kein eigentliches Ritual ist, wird es im Verein und bei der Ausübung des Sports sicherlich viele Rituale geben, die sich positiv auf Sie und Ihr Kind auswirken.

MIT MUSIK GEHT ALLES LEICHTER

Zu vielen Anlässen gehört das Singen als Ritual fest dazu. Zum Geburtstag singen Sie ein Geburtstagsständchen, an Weihnachten werden wahrscheinlich die altbekannten Weihnachtslieder am Tannenbaum gesungen. Und auch in der Kirche gehört das Singen zum festen Bestandteil eines jeden Gottesdienstes.

In fast allen Lebenssituationen können Sie singen. Gemeinsames Singen fördert die Zusammengehörigkeit, und es kann befreiend und angstlösend wirken.

Singen

Für viele Situationen gibt es Lieder, die Sie Ihrem Kind vorsingen oder später auch gemeinsam mit ihm singen können. Das fängt schon mit den Schlafliedern an, die Sie abends leise singen, um Ihrem Kind in den Schlaf zu helfen. In den Krabbelgruppen singen Sie gemeinsam mit den anderen Müttern Begrüßungs- und Bewegungslieder. Und es gibt viele andere Lieder, die zu verschiedenen Anlässen gesungen werden können (z. B. Aufräumlieder, Waschlieder, Lieder zur Verkehrserziehung etc.).

Singen macht Spaß und ist eindringlich. Es kann beruhigend wirken, wenn man traurig ist, aber auch aufmunternd und erheiternd. Außerdem fördern Lieder und das gemeinsame Singen die Sprachbildung Ihres Kindes. Und seien Sie sich sicher, egal wie schief Sie singen bzw. denken, dass Sie dies tun, Ihr Kind wird unheimlich viel Spaß an dem gemeinsamen „Herumgeträller“ haben und Ihnen jeden schiefen Ton verzeihen. Singen Sie doch zur Abwechslung mal gemeinsam extra so schief wie nur möglich, Sie beide viel Spaß haben. Wem das Improvisieren schwerfällt, kann dazu einfach das Lied „Drei Chinesen mit dem Kontrabass“ anstimmen, da singt man mit der Zeit automatisch schön schief! Lassen Sie das Singen zu einem festen Ritual in verschiedene Situationen werden, Ihr Kind wird sich in vielen Jahren noch an bestimmte Lieder aus der Kindheit erinnern und bestimmt das ein oder andere später mit den eigenen Kindern wieder singen. Auf der Internetseite www.labbe.de finden Sie viele schöne Kinderlieder und auch Tanzspiele.

„LA LE LU“

Sie werden staunen, wie gut Ihr Kind einschläft, wenn Sie ihm regelmäßig etwas vorsingen. Sicherlich eines der schönsten und bekanntesten Gutenachtlieder ist „La Le Lu“.

La Le Lu, nur der Mann im Mond schaut zu,
wenn die kleinen Babys schlafen, drum schlaf auch du.

La Le Lu, vor dem Bettchen steh‘n zwei Schuh
Und die sind genauso müde, geh‘n jetzt zur Ruh.

Dann kommt auch der Sandmann, leis‘ tritt er ins Haus,
sucht aus seinen Träumen dir den schönsten aus.

La Le Lu, nur der Mann im Mond schaut zu,
wenn die kleinen Babys schlafen, drum schlaf auch du.

Tanzen

Haben Sie schon einmal mit Ihrem Kind getanzt? Dann wissen Sie, wie begeistert Kinder vom Tanzen sind, egal ob Sie auf Mamas Arm durch den Raum tanzen, an Ihren Händen oder alleine zu bekannter oder fremder Musik. Die Bewegung zu Musik hat viele gute Seiten. So führt sie zu einer besseren Körperwahrnehmung und auch mehr Körperbeherrschung. Geben Sie Ihrem Kind immer ein gutes Gefühl, wenn es sich zur Musik bewegt, und lachen Sie nicht über seine Bewegungen!

Aber auch bei Kindern können Tänze ein schönes Ritual sein. So gibt es den berühmten Regentanz unter der Dusche, mit dem viele Kleinkinder eindeutig mehr Spaß beim Duschen haben. Und es gibt die kleine Tanzeinlage, wenn man bei einem Wettkampf gewonnen hat und den Siegertanz aufführt.

Aufführungen von Kindern

Falls Ihr Kind eine Musikschule besucht, kennen Sie sicherlich die dort typischen Aufführungen, die meist ein- bis zweimal im Jahr stattfinden und bei denen Kinder die gelernten Lieder zum Besten geben. Eine Tanz- oder Turnaufführung kann ein ebensolcher Anlass sein.

Auch hierbei handelt es sich um ein wichtiges Ritual, bei dem Ihr Kind zeigen kann, was es gelernt hat, aber auch üben kann, sich vor Publikum zu präsentieren, was auch im späteren Leben immer wichtig ist (beispielsweise beim Referat in der Schule).

Diese Rituale sind enorm wichtig, und ganz entscheidend ist die „Mitarbeit" der Eltern. Fiebern Sie mit Ihrem Kind dem Ereignis entgegen und freuen Sie sich auf die Aufführung. Und seien Sie Gast und Zuschauer. Denn diese Rituale wären ohne Sie als stolze Eltern keinen Pfifferling wert.

Wenn Ihr Kind ein Instrument spielt oder gerade erlernt, dann kann auch damit ein neues Ritual in die Familie eingeführt werden. So könnte es zu Weihnachten z. B. ein paar Weihnachtslieder vorspielen, und Sie können Zeuge seines Könnens werden.

KLEINE SPIELE FÜR DIE GANZE FAMILIE

Fragen Sie sich jetzt, was Spiele mit Ritualen zu tun haben? Nun, diese Frage kann mit zwei Punkten beantwortet werden.

Zum einen kann der gemeinsame Spieleabend mit der gesamten Familie am Sonntag ein schönes Ritual sein. Es können zum anderen aber auch die kleinen Spiele zwischendurch sein, die rituellen Charakter haben. Bei einem Spaziergang das Versteckspiel, das „Wer findet das schönste Blatt"-Spiel, „Wer sieht als Erster einen Vogel und kann ihn benennen" oder auch „Wer ist der Erste am Ziel und darf sich dort ein Eis bestellen?".

Vielleicht kennen Sie aber auch noch ein paar eigene Spiele, die etwas in Vergessenheit geraten sind: Erinnern Sie sich noch an diese folgenden Spiele?

Hüpfspiele

Kennen Sie die noch aus Ihrer eigenen Jugend? Mit Kreide wurde ein Muster von neun Feldern auf den Boden gezeichnet, und diese mussten dann je nach Wurf des Wurfsteins bis zu einem bestimmten Feld einbeinig erhüpft werden. Erinnern Sie sich auch noch an die „Himmel und Hölle"-Variante?

Vielleicht ist ein Hüpfspiel kein Ritual im eigentlichen Sinne, aber es ist ein schönes Ritual, den eigenen Kindern diese Spiele zu erklären und damit das Wissen zu weiterzugeben. Wenn Sie nicht über einen eigenen Garten verfügen, können Sie viele Spiele auch gut bei Spaziergängen zwischendurch spielen.

Schnick, Schnack, Schnuck

Dieses kleine Spiel können Sie schnell als Entscheidungsritual in Ihrer Familie einführen. Immer dann, wenn kleine Entscheidungen anstehen, wie z. B. „Wer bringt den Müll raus?“, kann man innerhalb von Sekunden ein schnelles und auch von allen Seiten akzeptiertes Ergebnis erzielen.

Imitationsspiele

Gerade Imitationsspiele sind der Inbegriff von ritualisierten Handlungen. Und besonders diese typischen Handlungen sind äußerst dienlich, wenn es darum geht, bestimmte Handlungsweisen zu erlernen und zu verinnerlichen. Vor allem die „So tun als ob“-Spiele sind sehr wichtig für Kinder.

Am Beispiel des Einkaufsladenspielens können einige Rituale verdeutlicht werden: Da wäre schon das freundliche Begrüßungsritual, das Helfen beim Aussuchen der Ware, die Beratung, der Bezahlvorgang und die Verabschiedung. Hier sehen Sie, wie groß der Einfluss von kleinen Alltagsritualen für die spätere Entwicklung und auch den späteren Umgang mit anderen Menschen ist.

Neben dem „Einkaufsspiel“ gibt es viele schöne Spiele, die fast allen Kleinkindern Spaß machen und auch ohne großen Aufwand zu spielen sind.

BEISPIELE UND IDEEN FÜR IMITATIONSSPIELE

- Einkaufsladen
- Backen, Kochen (geht auch gut im Sandkasten)
- Postfiliale oder Briefträger
- Prinzessin
- Vater, Mutter, Kind
- Ärztin und Patient

Rituale für unterwegs

„Auf den langen Wegen zu Opa und Oma hatten wir in unserer Familie das schöne Ritual ‚Wer zuerst den Desenberg sieht'. Das war immer superspannend, und die Fahrt ist ganz schnell vergangen."

Dieses schöne Beispiel eines kleinen Spiels, das immer wieder auf der Fahrt zu den entfernter lebenden Verwandten gespielt wurde, zeigt sehr deutlich, dass Rituale auch spannend sein können. Ein solches „Wer sieht zuerst ..."-Spiel kann natürlich beliebig verfeinert und mit zahlreichen Zwischenzielen versehen werden.

Lange Autofahrten kann man sich auch mit „Kennzeichen raten", „Bestimmte Autos zählen" oder auch „Ampeln grün pusten" versüßen. All diese kleinen Ideen werden natürlich nur zum Ritual, wenn sie auch regelmäßig gespielt werden. Oder es kann ein schönes Ritual sein, dass es auf der Fahrt beispielsweise immer Käsebrötchen gibt.

SCHÖNE TIPPS FÜR OMA UND OPA

Großeltern und andere enge Verwandte sind ein wichtiger Bestandteil für die Entwicklung von sozialen Beziehungen von Kindern.

„Wenn ich am Wochenende mal bei meiner Oma war, durfte ich lange vor der Glotze sitzen – toll, auf der großen Couch – sie hat mir wunderschön verzierte Schnittchen hingestellt und ich musste nicht helfen – obercool!"

„Bei Oma duften wir vor dem Einschlafen immer ein Bonbon aus der Bonbondose auf dem Nachttisch nehmen."

„Mir ist in Erinnerung geblieben, dass ich zu Weihnachten mit Oma, Mama und meinen Geschwistern Plätzchen gebacken habe."

„Mein Großonkel hat uns zu Ostern eingeladen. Wir durften im großen Garten Eier und Süßigkeiten suchen. Was gefunden wurde, hat er für uns in ein Körbchen gelegt. Eines Tages habe ich ihn dabei erwischt, wie er die Sachen mehrfach versteckt hat – meine kleinen Geschwister haben es nicht mitbekommen. Außerdem gab es bei ihm immer frische Brötchen mit Butter und selbst gemachter Marmelade meiner Tante, wenn wir morgens mit meinem Onkel früh aufgestanden und mit dem Minifahrrad durch die Felder gefahren sind und Brötchen eingekauft haben."

Sicher kennen Sie selber noch schöne Rituale, die es nur bei Ihren Großeltern gab. Genauso wie Sie diese als etwas Schönes und Besonderes erlebt haben, geht es Ihrem Kind bestimmt auch.

Sprechen Sie mit Ihren Eltern und Großeltern darüber, wie toll Sie das eine oder andere Ritual empfunden haben, z. B. „morgens mit

Opa die Hühner füttern“ oder „mit Oma das dickste Ei aus dem Hühnerstall fürs Frühstück zu holen“. Sie werden sehen, dass Ihre Eltern oder Großeltern sicherlich dabei selber schmunzeln werden und sich auch noch gut daran erinnern können.

Vielleicht können Sie ja gemeinsam ein paar Rituale festlegen, die Sie sich auch gerne für Ihre Kinder wünschen würden, wenn diese dort zu Besuch sind.

Genauso wichtig ist es jedoch, dass Sie auch besprechen, welche Rituale Sie nicht weitergegeben haben möchten. Vielleicht haben Sie „das Aussuchen und die Schlachtung des Kaninchens“ in eher nicht so positiver Erinnerung. Ihre Eltern oder Großeltern werden dies mit Sicherheit heute verstehen und darauf verzichten.

Wenn Sie manche Verhaltensweisen Ihrer Großeltern nicht mehr so in Erinnerung haben: Vielleicht kommt Ihnen aus der folgenden Aufzählung manches bekannt vor.

BEISPIELE FÜR RITUALE BEI DEN GROSSELTERN

- Toast in „Reiterchen“ schneiden (kleine hübsch dekorierte Brotstückchen in mundgerechter Größe)
- das Geldstück auf dem eigenen Sparschwein, das bei Opa und Oma wohnte, was dann in das Sparschwein geworfen werden durfte
- Zeugnisgeld, eine „D-Mark“ bei einer guten Note
- der gemeinsame Blick in die Keksdose, die immer auf dem Schrank stand und aus der man sich dann drei Kekse nehmen durfte
- der Spaziergang mit Opa und dem Hund zum kleinen See, um dort die Enten zu füttern
- gemeinsam in die Bibliothek gehen
- das Pflücken der Erdbeeren für die Torte am Nachmittag
- die eine bestimmte Süßigkeiten, die dann auch immer wieder am selben Platz lag (z. B. ein Überraschungs-Ei und eine weitere Süßigkeit, die stets auf dem kleinen Beistelltischchen im Flur steht, wenn das Enkelkind zu Besuch kommt)
- der Besuch auf dem Dachboden und die Suche nach alten Schätzen
- in den alten Fotobüchern blättern und eine Geschichte von einem der Vorfahren hören

- das Glas eingemachte Gurken aus dem Keller holen, die immer so lecker waren die Pflaumen aufsammeln und zu Kompott verarbeiten
- das eigene kleine Blumenbeet in Ihrem Garten oder der gemeinsam bepflanzte Blumentopf
- mit Opa zusammen Pilze im Wald suchen
- der gemeinsame Zoobesuch

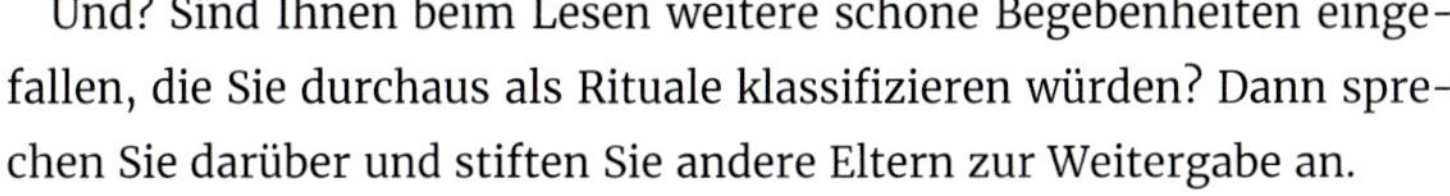

Und? Sind Ihnen beim Lesen weitere schöne Begebenheiten eingefallen, die Sie durchaus als Rituale klassifizieren würden? Dann sprechen Sie darüber und stiften Sie andere Eltern zur Weitergabe an.

ERFINDEN SIE IHRE EIGENEN RITUALE

Wahrscheinlich werden Sie in diesem Buch nicht alle Rituale der Welt finden. Vielleicht sind Sie aber auch auf der Suche nach einem speziellen Ritual für eine ganz bestimmte Situation.

Deshalb möchten wir Sie noch einmal daran erinnern, dass Sie auch Ihre eigenen Rituale entwickeln können. Das ist kinderleicht und klappt auch gut, wenn Sie die folgenden Dinge beachten.

TIPP: ZUTATEN FÜR DIE ENTWICKLUNG EINES EIGENEN RITUALS

- Geben Sie Ihrem neuen Familienritual einen passenden Namen. Erklären Sie allen Beteiligten, was Sie mit Ihrem Ritual erreichen möchten. Wenn die letzten drei Minuten Vorlesezeit abends im Bett anbrechen, dann könnten Sie dieses Ritual z. B. „Die heimlichen drei Minuten Lesestoff" nennen. Wenn Sie diese drei Minuten mit einer Taschenlampe unter der Bettdecke vorlesen, dann haben Sie ein tolles Abschlussritual für den Abend.
- Eins solches Ritual können Sie natürlich auch zusammen mit Ihrem Kind entwickeln. In unserem Beispiel könnte das z. B. heißen, dass das Kind die Taschenlampe hält oder man zwischendurch mal Frischluft unter die Decke holt ...
- Bestimmen Sie genau die Ritualgegenstände und den Umfang: Taschenlampe, Buch, drei Minuten und Frischluft ...
- Schaffen Sie den Zeitrahmen und den Freiraum, um dieses Ritual auch wirklich regelmäßig durchzuführen. Bitten Sie andere Familienmitglieder, dieses Ritual nicht zu stören oder es in Vertretung genauso durchzuführen.

Wenn Sie diesem Ritual dann Ihre ganze Aufmerksamkeit widmen und sich nicht ablenken lassen, dann haben Sie ein schönes neues und auch wichtiges Ritual erfunden.

Auf jeden Fall freuen sich alle Kinder, wenn Sie sie in die Entwicklung der neuen Rituale miteinbeziehen. Denn gerade sie haben oft sehr gute eigene Ideen oder Verbesserungsvorschläge. Und je mehr sie sich mit in das Ritual einbringen können, desto schöner, spannender oder auch bleibender wird sich das Ritual in den Familienalltag einbinden lassen.

Also: Viel Spaß beim Erfinden von neuen Ritualen! Wenn Sie Lust haben, schicken Sie uns Ihre schönsten eigenen neu erfundenen Rituale gerne zu. Die besten Rituale werden wir mit Sicherheit in der nächsten Überarbeitung des Buches oder in weiteren Büchern für Eltern berücksichtigen.

ANSTELLE EINES NACHWORTS …

„Hmmm, da fällt mir erst mal das gemeinsame ‚Fahren' ein: Bodo und ich fahren gerne zusammen, immer wenn das Wetter es zulässt – ich auf dem Skateboard und er auf dem Roller, wie eine kleine Ente hinter mir her. Das liebt Bodo über alles. Ich bin so nach 25 Jahren wieder auf das Brett gestiegen (alleine schon deshalb, weil ich zu Fuß nicht mehr mit seiner Geschwindigkeit mitgekommen bin) – das Skateboarden hätte ich ohne ihn wahrscheinlich auch nicht noch mal angefangen …

Wir lernen in unseren Ritualen voneinander, ich lerne von ihm so viel wie er von mir, und ich möchte nicht, dass er das Gefühl hat, Eltern wüssten alles und er solle ein Abziehbild von uns werden. So habe ich es manchmal bei meinen eigenen Eltern (ein Lehrerpaar) empfunden. Letztendlich war ich immer ganz anders als sie, und sie konnten nicht loslassen und haben mit Druck und Ängsten versucht, mich in ihre Schablonen zu pressen. Bei mir und Bodo ergibt sich der Respekt voreinander aus dem Miteinander, was nicht heißt, dass er nicht auch mal Ärger kriegt, wenn er Mist macht oder sich in Gefahr begibt, z. B. ohne zu gucken die Straße überquert etc. Bodo und ich erkunden so gemeinsam unsere Umgebung und lassen uns Zeit, hier und dort anzuhalten und uns Dinge anzuschauen: Aufkleber, Bagger, Baustellen, Sperrmüll, Stöcker, Blätter etc. … Kleine Dinge entdecken, die man vielleicht sonst übersieht, wenn man immer nur mit einem Ziel unterwegs ist. Das ist ein wichtiges Ritual für uns. Unterwegs sein, mit dem Boden in Berührung dahingleiten und das Terrain beobachten, denn Steine und Rillen und die verschiedenen Beschaffenheiten der Straßen und Wege können einen schnell ‚umhauen', wenn man den Weg nicht im Blick hat.

Fallen, wieder aufstehen und besser werden, steilere Abfahrten wagen, die eigenen Fähigkeiten einschätzen, anstatt von vorneherein Ängste der Schmerzvermeidung aufzubauen und es daher gar nicht erst zu probieren. Und wir haben Freude, Bewegung und Erfolge an der frischen Luft. Wir lernen Mut aus unseren Fähigkeiten zu schöpfen und unsere Körper spielerisch zu ‚genießen‘. Ich hoffe, in ihm auf diese Art und Weise eine Alternative für die Verlockungen von einseitigem, ‚leblosem‘ Konsum wie Fernsehen, Videospielen, Computer und Smartphone-Gedaddel zu manifestieren.

Ein anderes wunderbares Ritual ist das gemeinsame Malen im Atelier. Bodo geht viel ursprünglicher an die Arbeit als ich. Er denkt an etwas und legt einfach los, ohne sich den Kopf zu zerbrechen. Am nächsten Abend bringe ich dann die getrockneten Bilder mit nach Hause, und wir zeigen sie Mama und denken noch einmal an das Malen zurück. Die schönsten Bilder hängen wir in seinem Zimmer auf.

Das vielleicht ‚rituellste‘ (weil täglich gleiche) Ritual ist das gemeinsame abendliche Kochen und Essen mit anschließendem Wickeln, Zähneputzen und Bücher vorlesen und anschauen. Danach, wenn das Licht ausgeschaltet ist, gibt es Gespräche über unseren Tag oder vergangene Dinge wie Urlaub, Ausflüge, Gedanken etc., bis er in meinem Arm eingeschlafen ist. Ich versuche in unserer zielgerichteten Welt Räume zu schaffen für sein eigenes Tempo. Bereits im Kindergarten gibt es Regeln, Taktungen und Abläufe, und oft empfinde ich den Alltag der Kleinen in ihren frühen Lebensjahren schon als zu ‚preußisch‘ strukturiert.“

Martin Denker (Künstler und Vater von Bodo)

Register

Bibliografische Information der Deutschen Nationalbibliothek
Die Deutsche Nationalbibliothek verzeichnet diese Publikation in der Deutschen Nationalbibliografie; detaillierte bibliografische Daten sind im Internet über http://dnb.ddb.de abrufbar.

ISBN 978-3-86910-634-2 (Print)
ISBN 978-3-86910-713-4 (PDF)
ISBN 978-3-86910-714-1 (EPUB)

Die Autoren: Melanie Gräßer ist Dipl.-Psychologin sowie Kinder- und Jugendlichenpsychotherapeutin mit eigener Praxis in Lippstadt. Eike Hovermann jr. hat die Akademie für Kindergarten, Kita und Hort gegründet. Er setzt sich dafür ein, Wissen und Bildung weiterzugeben, damit Kinder eine solide Grundlage und Ausbildung für ihr späteres Leben erhalten.

Wir widmen dieses Buch Alma Adele, Josi, Lhakpa Samdrup und Nora.

3. Auflage

Die Ratgebermarke der Schlütersche Fachmedien GmbH
Hans-Böckler-Allee 7, 30173 Hannover
www.humboldt.de
buchvertrieb@schluetersche.de
www.schluetersche.de

Aus Gründen der besseren Lesbarkeit wurde in diesem Buch die männliche Form gewählt, nichtsdestoweniger beziehen sich Personenbezeichnungen gleichermaßen auf Angehörige des männlichen und weiblichen Geschlechts sowie auf Menschen, die sich keinem Geschlecht zugehörig fühlen.

Gedruckt mit mineralölfrei hergestellten Druckfarben und Strom aus erneuerbaren Energien. Die eingesetzten Klebe- und Bindestoffe entsprechen den derzeitigen Umweltstandards, die vom RAL-Institut für Gütesicherung und Kennzeichnung geprüft wurden.

Lektorat: Dateiwerk GmbH, Nathalie Röseler, Pliening
Covergestaltung: Kerker + Baum Büro für Gestaltung, Hannover
Layout: Sehfeld, Hamburg
Coverfoto: Getty Images – Marvett Smith
Satz: PER MEDIEN & MARKETING GmbH, Braunschweig
Druck und Bindung: Salzland Druck GmbH & Co. KG, Staßfurt